THÉATRE COMPLET

DE

VICTOR HUGO.

PARIS, IMPRIMÉ PAR PLON FRÈRES, 36, RUE DE VAUGIRARD.

THÉATRE COMPLET

DE

VICTOR HUGO

ORNÉ DE GRAVURES SUR ACIER.

PARIS

CHEZ L'ÉDITEUR DU RÉPERTOIRE DRAMATIQUE
34, BOULEVARD DU TEMPLE;
ET CHEZ TRESSE, SUCCESSEUR DE J.-N. BARBA, PALAIS-ROYAL.

1846

NOTE.

Les éditeurs, empressés de satisfaire à une réclamation presque unanime du public, ont réuni dans ces pages, et rangé par ordre chronologique, les noms des acteurs qui ont créé, sur les divers théâtres, les rôles des drames de M. Victor Hugo aux premières représentations.

HERNANI,

THÉATRE-FRANÇAIS, 25 FÉVRIER 1830.

PERSONNAGES.	ACTEURS.
HERNANI.	M. Firmin.
DON CARLOS.	M. Michelot.
DON RUY GOMEZ DE SILVA.	M. Joanny.
DONA SOL DE SILVA.	Mlle Mars.
LE ROI DE BOHÊME.	M Dumilatre.
LE DUC DE BAVIÈRE.	M. Saint-Aulaire.
LE DUC DE GOTHA.	M. Geffroy.
LE BARON DE HOHENBOURG.	M. Faure.
LE DUC DE LUTZELBOURG	
JAQUEZ.	Mlle Despréaux.
DON SANCHO.	M. Menjaud.
DON MATIAS.	M. Bouchet.
DON RICARDO.	M. Samson.
DON GARCI SUAREZ.	M. Geffroy.
DON FRANCISCO.	M. Mirecourt.
DON JUAN DE HARO.	M. Casaneuve.
DON PEDRO GUSMAN DE LARA.	M. Geffroy.
DON GIL TELLEZ GIRON.	M. Montigny.
DONA JOSEFA DUARTE.	Mme Tousez.
UN MONTAGNARD.	M. Montigny.
UNE DAME.	Mlle Thénard.
PREMIER CONJURÉ.	M. Menjaud.

MARION DE LORME,

THÉATRE DE LA PORTE-SAINT-MARTIN, 11 AOUT 1831.

PERSONNAGES.		ACTEURS.
MARION DE LORME.		Mme Dorval.
DIDIER.		M. Bocage.
LOUIS XIII.		M. Gobert.
LE MARQUIS DE SAVERNY.		M. Chéri.
LE MARQUIS DE NANGIS.		M. Auguste.
L'ANGELY.		M. Provost.
M. DE LAFFEMAS.		M. Jemma.
M. DE BELLEGARDE.		M. Valter.
LE MARQUIS DE BRICHANTEAU.		M. Davesne.
LE COMTE DE GASSÉ.	OFFICIERS	M Édouard.
LE VICOMTE DE BOUCHAVANNES.	DU	M. Matis.
LE CHEVALIER DE ROCHEBARON.	RÉGIMENT	M. Blés.
LE COMTE DE VILLAC.	D'ANJOU.	M. Monval.
LE CHEVALIER DE MONTPESAT.		M. Sevrin.
LE SCARAMOUCHE.		M. Moessard.
LE GRACIEUX.	COMÉDIENS DE PROVINCE.	M. Serres.
LE TAILLEBRAS.		M. Granger.
LE CRIEUR PUBLIC.		M. Vissot.
LE CAPITAINE QUARTENIER DE LA VILLE DE BLOIS.		M. Héret.
UN GEOLIER.		M. Vissot.
UN GREFFIER.		M. Fonbonne.
UN CONSEILLER PRÈS LA GRAND'CHAMBRE.		M. Héret.
DAME ROSE.		Mme Caumont.

Des Seigneurs du lever du Roi.
Des Ouvriers.
Des Comédiens de Province.
Gardes, Peuple, Gentilshommes, Pages.

LE ROI S'AMUSE,

THÉATRE-FRANÇAIS, 22 NOVEMBRE 1832.

PERSONNAGES.	ACTEURS.
FRANÇOIS PREMIER.	M. Périer.
TRIBOULET.	M. Ligier.
BLANCHE.	Mlle Anaïs.
M. DE SAINT-VALLIER.	M. Joanny.
SALTABADIL.	M. Beauvallet.
MAGUELONNE.	Mlle Dupont.
CLÉMENT MAROT.	M. Samson.
M. DE PIENNE.	M. Geffroy.
M. DE GORDES.	M. Marius.
M. DE PARDAILLAN.	Mlle Eulalie Dupuis.
M. DE BRION.	M. Albert.
M. DE MONTCHENU.	M Montlaur.
M. DE MONTMORENCY.	M. Arsène.
M. DE COSSÉ.	M. Duparay.
M. DE LA TOUR-LANDRY.	M. Bouchet.
MADAME DE COSSÉ.	Mlle Moralès.
DAME BÉRARDE.	Mme Tousez.
UN GENTILHOMME DE LA REINE.	M. Régnier.
UN VALET DU ROI.	M. Faure.
UN MÉDECIN.	M. Dumilatre.

Seigneurs, Pages, Gens du Peuple.

LUCRÈCE BORGIA,

THÉATRE DE LA PORTE-SAINT-MARTIN, 2 FÉVRIER 1833.

PERSONNAGES.	ACTEURS.
DONA LUCREZIA BORGIA.	Mlle Georges.
DON ALPHONSE D'ESTE.	M. Delafosse.
GENNARO	M. Frédérick Lemaitre.
GUBETTA.	M. Provost.
MAFFIO ORSINI.	M. Chéri.
JEPPO LIVERETTO.	M. Chilly.
DON APOSTOLO GAZELLA.	M. Monval.
ASCANIO PETRUCCI.	M. Tournan.
OLOFERNO VITELLOZZO.	M. Auguste.
RUSTIGHELLO.	M. Serres.
ASTOLFO.	M. Vissot.
LA PRINCESSE NEGRONI.	Mlle Juliette.
UN HUISSIER.	
DES MOINES.	

Seigneurs, Pages, Gardes.

MARIE TUDOR,

THÉATRE DE LA PORTE-SAINT-MARTIN. 6 NOVEMBRE 1833.

PERSONNAGES.	ACTEURS.
MARIE, Reine.	Mlle Georges.
JANE.	Mlle Juliette.
GILBERT.	M. Lockroy.
FABIANO FABIANI.	M. Delafosse.
SIMON RENARD.	M. Provost.
JOSHUA FARNABY.	M. Valmore.
UN JUIF.	M. Chilly.
LORD CLINTON.	M. Auguste.
LORD CHANDOS.	M. Monval.
LORD MONTAGU.	M. Tournan.
MAITRE ENEAS DULVERTON.	M. Delaistre.
LORD GARDINER.	M. Béret
UN GEOLIER.	M. Vissot.
Seigneurs, Pages, Gardes, le Bourreau.	

ANGELO,

THÉATRE-FRANÇAIS, 28 AVRIL 1835.

PERSONNAGES.	ACTEURS.
ANGELO MALIPIERI, podesta.	M. Beauvallet.
CATARINA BRAGADINI.	Mme Dorval.
LA TISBE.	Mlle Mars.
RODOLFO.	M. Geffroy.
HOMODEI.	M. Provost.
ANAFESTO GALEOFA.	M. Mathien.
REGINELLA.	Mme Tousez.
DAFNE.	Mme Thierret-Georgin.
UN PAGE NOIR.	Mlle Aglaé.
UN GUETTEUR DE NUIT.	M. Arsène.
UN HUISSIER.	M. Faure.
LE DOYEN DE SAINT-ANTOINE DE PADOUE.	M. Albert.
L'ARCHIPRETRE.	M. Montlaur.

RUY BLAS,

THÉATRE DE LA RENAISSANCE, 8 NOVEMBRE 1838.

PERSONNAGES.	ACTEURS.
RUY BLAS.	M. Frédérick Lemaitre.
DON SALLUSTE DE BAZAN.	M. Alexandre Mazin.
DON CÉSAR DE BAZAN.	M. Saint-Firmin.
DON GURITAN.	M. Féréol.
LE COMTE DE CAMPOREAL.	M. Montdidier.
LE MARQUIS DE SANTA-CRUZ.	M. Hiellard.
LE MARQUIS DEL BASTO.	M. Fresne.
LE COMTE D'ALBE.	M. Gustave.
LE MARQUIS DE PRIEGO.	M. Amable.
DON MANUEL ARIAS.	M. Hector.
MONTAZGO.	M. Julien.
DON ANTONIO UBILLA.	M. Felgines.
COVADENGA.	M. Victor.
GUDIEL.	M. Alfred.
UN LAQUAIS.	M. Henry.
UN ALCADE.	M. Beaulieu.
UN HUISSIER.	M. Zelger.
UN ALGUAZIL.	M. Adrien
DONA MARIA DE NEUBOURG, REINE D'ESPAGNE.	Mme L. Beaudouin.
LA DUCHESSE D'ALBUQUERQUE.	Mme Moutin.
CASILDA.	Mme Mareuil.
UNE DUÈGNE.	Mme Louis.
UN PAGE.	Mme Courtois.

Dames, Seigneurs, Conseillers privés, Pages, Duègnes, Alguazils, Gardes, Huissiers de chambre et de cour.

LES BURGRAVES,

THÉATRE-FRANÇAIS, 7 MARS 1843.

PERSONNAGES.	ACTEURS.
JOB, burgrave de Heppenheff.	M. Beauvallet.
MAGNUS, fils de Job, burgrave de Wardeck.	M. Guyon.
HATTO, fils de Magnus, marquis de Vérone, burgrave de Nollig.	M. Drouville.
GORLOIS, fils de Hatto (batard), burgrave de Sareck.	Mlle Garique.
FRÉDÉRIC DE HOHENSTAUFEN.	M. Ligier.
OTBERT.	M. Geffroy.
LE DUC GERHARD DE THURINGE.	M. Leroux.
GILISSA, margrave de Lusace.	
PLATON, margrave de Moravie.	
LUPUS, comte de Mons.	Mlle Brohan.
CADWALLA, burgrave d'Okenfels.	M. Robert.
DARIUS, burgrave de Lahneck.	M. Mathien.
LA COMTESSE RÉGINA.	Mlle Denain.
GUANHUMARA.	Mme Mélingue.
EDWIGE.	Mlle Juliette.
KARL.	M. Marius.
HERMANN. } Étudiants.	M. Lada.
CYNULFUS.	M. Riché.
HAQUIN.	M. Varlet.
GONDICARIUS. } Marchands et Bourgeois. } Esclaves.	M. Mathien.
TEUDON.	M. Fonta.
KUNZ.	M. Leroux.
SWAN.	M. Joannis.
PEREZ.	
JOSSIUS, soldat.	M. Robert.
LE CAPITAINE DU BURG.	M. Alexandre.
Un Soldat.	

HERNANI,

DRAME EN CINQ ACTES,

PAR M. VICTOR HUGO,

Représenté pour la première fois, à Paris, sur le Théâtre-Français, le 25 février 1830.

PERSONNAGES.

HERNANI.
DON CARLOS.
DON RUY GOMEZ DE SILVA.
DOÑA SOL DE SILVA.
LE ROI DE BOHÊME.
LE DUC DE BAVIÈRE.
LE DUC DE GOTHA.
LE BARON DE HOHENBOURG.
LE DUC DE LUTZELBOURG.
IAQUEZ.
DON SANCHO.
DON MATIAS.
DON RICARDO.
DON GARCI SUAREZ.

DON FRANCISCO.
DON JUAN DE HARO.
DON PEDRO GUSMAN DE LARA.
DON GIL TELLEZ GIRON.
DOÑA JOSEFA DUARTE.
Un Montagnard.
Une Dame.
Premier Conjuré.
Deuxième Conjuré.
Troisième Conjuré.
Conjurés de la ligue sacro-sainte, Allemands et Espagnols.
Montagnards, Seigneurs, Soldats, Pages, Peuple, etc.

Espagne. — 1519.

ACTE PREMIER.

Une chambre à coucher. La nuit. Une lampe sur une table.

SCÈNE I.

DOÑA JOSEFA DUARTE, *vieille; en noir, avec le corps de sa jupe cousu de jais à la mode d'Isabelle-la-Catholique.* DON CARLOS.

DOÑA JOSEFA, *seule.*

Elle ferme les rideaux cramoisis de la fenêtre, et met en ordre quelques fauteuils. On frappe à une petite porte dérobée à droite. Elle écoute. On frappe un second coup.
Serait-ce déjà lui?
 Un nouveau coup.
　　　　C'est bien à l'escalier
Dérobé.
 Un quatrième coup.
　　　Vite, ouvrons!
Elle ouvre la petite porte masquée. Entre don Carlos, le manteau sur le nez et le chapeau sur les yeux.
　　　　　Bonjour, beau cavalier.
Elle l'introduit. Il écarte son manteau et laisse voir un riche costume de velours et de soie à la mode castillane de 1519. Elle le regarde sous le nez et recule étonnée.
Quoi, seigneur Hernani, ce n'est pas vous!—Main forte!
Au feu!

DON CARLOS, *lui saisissant le bras.*
Deux mots de plus, duègne, vous êtes morte!
 Il la regarde fixement. Elle se tait effrayée.
Suis-je chez doña Sol? fiancée au vieux duc
De Pastrana? son oncle? un bon seigneur, caduc,
Vénérable et jaloux? dites? la belle adore
Un cavalier, sans barbe et sans moustache encore,
Et reçoit tous les soirs, malgré les envieux,
Le jeune amant sans barbe à la barbe du vieux.
Suis-je bien informé?
 Elle se tait. Il la secoue par le bras.
　　　　Vous répondrez peut-être?

DOÑA JOSEFA.
Vous m'avez défendu de dire deux mots, maître.

DON CARLOS.
Aussi n'en veux-je qu'un.—Oui,—non.—Ta dame est
Doña Sol de Silva? parle.　　　　　　[bien

DOÑA JOSEFA.
　　　　Oui.—Pourquoi?

DON CARLOS.
　　　　　　　　Pour rien.
Le duc, son vieux futur, est absent à cette heure?

DOÑA JOSEFA.
Oui.

1

DON CARLOS.
Sans doute elle attend son jeune?
DONA JOSEFA.
Oui.
DON CARLOS.
Que je meure!
DONA JOSEFA.
Oui.
DON CARLOS.
Duègne! c'est ici qu'aura lieu l'entretien?
DONA JOSEFA.
Oui.
DON CARLOS.
Cache-moi céans!
DONA JOSEFA.
Vous!
DON CARLOS.
Moi.
DONA JOSEFA.
Pourquoi?
DON CARLOS.
Pour rien.
DONA JOSEFA.
Moi vous cacher!
DON CARLOS.
Ici,
DONA JOSEFA.
Jamais.
DON CARLOS, *tirant de sa ceinture une bourse et un poignard.*
Daignez, madame,
Choisir de cette bourse ou bien de cette lame.
DONA JOSEFA, *prenant la bourse.*
Vous êtes donc le diable!
DON CARLOS.
Oui, duègne.
DONA JOSEFA, *ouvrant une armoire étroite dans le mur.*
Entrez ici.
DON CARLOS, *examinant l'armoire.*
Cette boîte!
DONA JOSEFA, *la refermant.*
Va-t'en, si tu n'en veux pas!
DON CARLOS, *rouvrant l'armoire.*
Si!
L'examinant encore.
Serait-ce l'écurie où tu mets d'aventure
Le manche du balai qui te sert de monture?
Il s'y blottit avec peine.
Ouf!
DONA JOSEFA, *joignant les mains avec scandale.*
Un homme ici!
DON CARLOS, *dans l'armoire restée ouverte.*
C'est une femme,— est-ce pas?—
Qu'attendait ta maîtresse?
DONA JOSEFA.
O Ciel! j'entends le pas
De doña Sol. — Seigneur, fermez vite la porte.
Elle pousse la porte de l'armoire qui se referme.
DON CARLOS, *de l'intérieur de l'armoire.*
Si vous dites un mot, duègne, vous êtes morte!
DONA JOSEFA, *seule.*
Qu'est cet homme? Jésus mon Dieu! si j'appelais...
Qui?—Hors madame et moi, tout dort dans le palais.
— Bah! l'autre va venir; la chose le regarde.
Il a sa bonne épée, et que le ciel nous garde
De l'enfer!
Pesant la bourse.
Après tout, ce n'est pas un voleur.
Entre doña Sol, en blanc. Doña Josefa cache la bourse.

SCÈNE II.

DONA JOSEFA, DON CARLOS *caché*, DONA SOL, *puis* HERNANI.

DONA SOL.
Josefa!
DONA JOSEFA.
Madame!
DONA SOL.
Ah! je crains quelque malheur.
Hernani devrait être ici!
Bruit de pas à la petite porte.
Voici qu'il monte! [te!
Ouvre avant qu'il ne frappe, et fais vite, et sois promp-
Josefa ouvre la petite porte. Entre Hernani. Grand chapeau, grand manteau. Dessous, un costume de montagnard d'Aragon, gris, avec une cuirasse de cuir; une épée, un poignard et un cor à sa ceinture.
DONA SOL, *courant à lui.*
Hernani!
HERNANI.
Doña Sol! ah! c'est vous que je vois
Enfin! et cette voix qui parle est votre voix!
Pourquoi le sort mit-il mes jours si loin des vôtres?
J'ai tant besoin de vous pour oublier les autres!
DONA SOL, *touchant ses vêtements.*
Jésus! votre manteau ruisselle! il pleut donc bien?
HERNANI.
Je ne sais.
DONA SOL.
Vous devez avoir froid?
HERNANI.
Ce n'est rien.
DONA SOL.
Otez donc ce manteau.
HERNANI.
Doña Sol, mon amie!
Dites-moi, quand la nuit vous êtes endormie,
Calme, innocente et pure, et qu'un sommeil joyeux
Entr'ouvre votre bouche et du doigt clôt vos yeux,
Un ange vous dit-il combien vous êtes douce
Au malheureux que tout abandonne et repousse?
DONA SOL.
Vous avez bien tardé, seigneur! mais dites-moi
Si vous avez froid?
HERNANI.
Moi! je brûle près de toi!
Ah! quand l'amour jaloux bouillonne dans nos têtes,
Quand notre cœur se gonfle et s'emplit de tempêtes,
Qu'importe ce que peut un nuage des airs
Nous jeter en passant de tempête et d'éclairs!
DONA SOL, *lui défaisant son manteau.*
Allons! donnez la cape et l'épée avec elle!
HERNANI, *la main sur son épée.*
Non. C'est mon autre amie, innocente et fidèle. —
Doña Sol, le vieux duc, votre futur époux,
Votre oncle, est donc absent?
DONA SOL.
Oui, cette heure est à nous.
HERNANI.
Cette heure! et voilà tout. Pour nous, plus rien qu'une [heure!
Après, qu'importe! il faut qu'on oublie ou qu'on meure.
Ange! une heure avec vous! une heure, en vérité,
A qui voudrait la vie, et puis l'éternité!
DONA SOL.
Hernani!
HERNANI, *amèrement.*
Que je suis heureux que le duc sorte!
Comme un larron qui tremble et qui force une porte,
Vite, j'entre, et vous vois, et dérobe au vieillard
Une heure de vos chants et de votre regard,
Et je suis bien heureux, et sans doute on m'envie
De lui voler une heure, et lui me prend ma vie!

DONA SOL.
Calmez-vous.
Remettant le manteau à la duègne.
Josefa, fais sécher le manteau.
Josefa sort.
Elle s'assied et fait signe à Hernani de venir près d'elle.
Venez là.
HERNANI, *sans l'entendre.*
Donc le duc est absent du château?
DONA SOL, *souriant.*
Comme vous êtes grand!
HERNANI.
Il est absent!
DONA SOL.
Chère âme,
Ne pensons plus au duc.
HERNANI.
Ah! pensons-y, madame!
Ce vieillard! il vous aime, il va vous épouser!
Quoi donc! vous prit-il pas l'autre jour un baiser?
N'y plus penser!
DONA SOL, *riant.*
C'est là ce qui vous désespère!
Un baiser d'oncle! au front! presque un baiser de père!
HERNANI.
Non. Un baiser d'amant, de mari, de jaloux.
Ah! vous serez à lui, madame, y pensez-vous!
O l'insensé vieillard, qui, la tête inclinée,
Pour achever sa route et finir sa journée,
A besoin d'une femme, et va, spectre glacé,
Prendre une jeune fille! O vieillard insensé!
Pendant que d'une main il s'attache à la vôtre,
Ne voit-il pas la mort qui l'épouse de l'autre?
Il vient dans nos amours se jeter sans frayeur?
Vieillard, va-t'en donner mesure au fossoyeur?
— Qui fait ce mariage? on vous force, j'espère!
DONA SOL.
Le Roi, dit-on, le veut.
HERNANI.
Le Roi! le Roi! mon père
Est mort sur l'échafaud, condamné par le sien.
Or, quoiqu'on ait vieilli depuis ce fait ancien,
Pour l'ombre du feu roi, pour son fils, pour sa veuve,
Pour tous les siens, ma haine est encor toute neuve!
Lui, mort, ne compte plus. Tout enfant, je fis
Le serment de venger mon père sur son fils.
Je te cherchais partout, Carlos, roi des Castilles!
Car la haine est vivace entre nos deux familles.
Les pères ont lutté sans pitié, sans remords,
Trente ans! Or, c'est en vain que les pères sont morts,
Leur haine vit. Pour eux la paix n'est point venue,
Car les fils sont debout, et le duel continue.
Ah! c'est donc toi qui veux cet exécrable hymen!
Tant mieux. Je te cherchais, tu viens dans mon chemin!
DONA SOL.
Vous m'effrayez!
HERNANI.
Chargé d'un mandat d'anathème,
Il faut que j'en arrive à m'effrayer moi-même!
Écoutez : l'homme auquel, jeune, on vous destina,
Ruy de Silva, votre oncle, est duc de Pastrana,
Riche-homme d'Aragon, comte et grand de Castille.
A défaut de jeunesse, il peut, ô jeune fille,
Vous apporter tant d'or, de bijoux, de joyaux,
Que votre front reluise entre des fronts royaux,
Et pour le rang, l'orgueil, la gloire et la richesse,
Mainte reine peut-être envira sa duchesse!
Voilà donc ce qu'il est. Moi, je suis pauvre, et n'eus,
Tout enfant, que les bois où je fuyais pieds nus.
Peut-être aurais-je aussi quelque blason illustre
Qu'une rouille de sang a cette heure délustre;
Peut-être ai-je des droits, dans l'ombre ensevelis,
Qu'un drap d'échafaud noir cache encor sous ses plis,
Et qui, si mon attente un jour n'est pas trompée,

Pourront de ce fourreau sortir avec l'épée.
En attendant, je n'ai reçu du ciel jaloux
Que l'air, le jour et l'eau, la dot qu'il donne à tous.
Or du duc ou de moi souffrez qu'on vous délivre.
Il faut choisir des deux : l'épouser, ou me suivre.
DONA SOL.
Je vous suivrai.
HERNANI.
Parmi nos rudes compagnons,
Proscrits dont le bourreau sait d'avance les noms,
Gens dont jamais le fer ni le cœur ne s'émousse,
Ayant tous quelque sang à venger qui les pousse?
Vous viendrez commander ma bande, comme on dit?
Car, vous ne savez pas, moi, je suis un bandit!
Quand tout me poursuivait dans toutes les Espagnes,
Seule, dans ses forêts, dans ses hautes montagnes,
Dans ses rocs, où l'on n'est que de l'aigle aperçu,
La vieille Catalogne en mère m'a reçu.
Parmi ses montagnards, libres, pauvres et graves,
Je grandis, et demain, trois mille de ses braves,
Si ma voix dans leurs monts fait résonner ce cor,
Viendront... — Vous frissonnez! réfléchissez encor.
Me suivre dans les bois, dans les monts, sur les grèves,
Chez des hommes pareils aux démons de vos rêves.
Soupçonner tout, les yeux, les voix, les pas, le bruit.
Dormir sur l'herbe, boire au torrent, et la nuit
Entendre, en allaitant quelque enfant qui s'éveille,
Les balles des mousquets siffler à votre oreille.
Être errante avec moi, proscrite, et, s'il le faut,
Me suivre où je suivrai mon père, — à l'échafaud.
DONA SOL.
Je vous suivrai.
HERNANI.
Le duc est riche, grand, prospère.
Le duc n'a pas de tache au vieux nom de son père.
Le duc peut tout. Le duc vous offre avec sa main
Trésors, titres, bonheur...
DONA SOL.
Nous partirons demain.
Hernani, n'allez pas sur mon audace étrange
Me blâmer. Êtes-vous mon démon ou mon ange?
Je ne sais. Je suis votre esclave. Écoutez,
Allez où vous voudrez, j'irai. Restez, partez,
Je suis à vous. Pourquoi fais-je ainsi? je l'ignore.
J'ai besoin de vous voir et de vous voir encore
Et de vous voir toujours. Quand le bruit de vos pas
S'efface, alors je crois que mon cœur ne bat pas,
Vous me manquez, je suis absente de moi-même;
Mais dès qu'enfin ce pas que j'attends et que j'aime
Vient frapper mon oreille, alors il me souvient
Que je vis, et je sens mon âme qui revient?
HERNANI, *la serrant dans ses bras.*
Ange!
DONA SOL.
A minuit. Demain. Amenez votre escorte.
Sous ma fenêtre. Allez, je serai brave et forte.
Vous frapperez trois coups.
HERNANI.
Savez-vous qui je suis
Maintenant?
DONA SOL.
Monseigneur, qu'importe! je vous suis.
HERNANI.
Non. Puisque vous voulez me suivre, faible femme,
Il faut que vous sachiez quel nom, quel rang, quelle
Quel destin est caché dans le pâtre Hernani. [âme,
Vous vouliez d'un brigand? voulez-vous d'un banni?
DON CARLOS, *ouvrant avec fracas la porte de l'armoire.*
Quand aurez-vous fini de conter votre histoire?
Croyez-vous donc qu'on soit à l'aise en cette armoire?
Hernani recule étonné. Doña Sol pousse un cri et se réfugie dans ses bras, en fixant sur don Carlos des yeux effarés.

HERNANI, *la main sur la garde de son épée.*
Quel est cet homme?
       DONA SOL.
           O Ciel! au secours!
       HERNANI.
                   Taisez-vous,
Dona Sol! vous donnez l'éveil aux yeux jaloux.
Quand je suis près de vous, veuillez, quoi qu'il advienne
Ne réclamer jamais d'autre aide que la mienne.
   A don Carlos.
Que faisiez-vous là?
       DON CARLOS.
             Moi? — Mais, à ce qu'il paraît,
Je ne chevauchais pas à travers la forêt.
       HERNANI.
Qui raille après l'affront s'expose à faire rire
Aussi son héritier!
       DON CARLOS.
             Chacun son tour. — Messire,
Parlons franc. Vous aimez madame et ses yeux noirs,
Vous y venez mirer les vôtres tous les soirs,
C'est fort bien. J'aime aussi madame, et veux connaître
Qui j'ai vu tant de fois entrer par la fenêtre,
Tandis que je restais à la porte.
       HERNANI.
                   En honneur,
Je vous ferai sortir par où j'entre, seigneur.
       DON CARLOS.
Nous verrons. J'offre donc mon amour à madame.
Partageons. Voulez-vous? J'ai vu dans sa belle âme
Tant d'amour, de bonté, de tendres sentiments,
Que madame, à coup sûr, en a pour deux amants.
— Or, ce soir, voulant mettre à fin mon entreprise,
Pris, je pense, pour vous, j'entre ici par surprise.
Je me cache, j'écoute, à ne vous céler rien;
Mais j'entendais très-mal et j'étouffais très-bien.
Et puis, je chiffonnais ma veste à la française.
Ma foi, je sors!
       HERNANI.
             Ma dague aussi n'est pas à l'aise
Et veut sortir!
       DON CARLOS, *le saluant.*
             Monsieur, c'est comme il vous plaira.
       HERNANI, *tirant son épée.*
En garde!
       Don Carlos tire son épée.
       DONA SOL, *se jetant entre eux deux.*
Hernani! Ciel!
       DON CARLOS.
             Calmez-vous, señora.
       HERNANI, *à don Carlos.*
Dites-moi votre nom.
       DON CARLOS.
             Hé! dites-moi le vôtre!
       HERNANI.
Je le garde, secret et fatal, pour un autre
Qui doit un jour sentir, sous mon genou vainqueur,
Mon nom à son oreille et ma dague à son cœur!
       DON CARLOS.
Alors quel est le nom de l'autre?
       HERNANI.
                   Que t'importe!
En garde! défends-toi!
Ils croisent leurs épées. Doña Sol tombe tremblante sur un fauteuil. On entend des coups à la porte.
       DONA SOL, *se levant avec effroi.*
Ciel! on frappe à la porte!
Les champions s'arrêtent. Entre Josefa par la petite porte, et tout effarée.
       HERNANI, *à Josefa.*
Qui frappe ainsi?
       DONA JOSEFA, *à doña Sol.*
             Madame! un coup inattendu!
C'est le duc qui revient!

       DONA SOL, *joignant les mains.*
             Le duc! tout est perdu!
Malheureuse!
       DONA JOSEFA, *jetant les yeux autour d'elle.*
             Jésus! l'inconnu! les épées!
On se battait. Voilà de belles équipées!
Les deux combattants remettent leurs épées dans le fourreau. Don Carlos s'enveloppe de son manteau et rabat son chapeau sur ses yeux. On frappe.
       HERNANI.
Que faire?
       On frappe.
       UNE VOIX *au dehors.*
             Doña Sol, ouvrez-moi!
Doña Josefa fait un pas vers la porte. Hernani l'arrête.
       HERNANI.
             N'ouvrez pas.
       DONA JOSEFA, *tirant son chapelet.*
Saint Jacques monseigneur, tirez-nous de ce pas!
       On frappe de nouveau.
       HERNANI, *montrant l'armoire à don Carlos.*
Cachons-nous.
       DON CARLOS.
             Dans l'armoire?
       HERNANI.
                   Entrez-y. Je m'en charge.
Nous y tiendrons tous deux.
       DON CARLOS.
             Grand'merci, c'est trop large.
       HERNANI, *montrant la petite porte.*
Fuyons par là.
       DON CARLOS.
             Bonsoir. Pour moi, je reste ici.
       HERNANI.
Ah! tête et sang, monsieur! Vous me paîrez ceci!
   A doña Sol.
Si je barricadais l'entrée?
       DON CARLOS, *à Josefa.*
             Ouvrez la porte.
       HERNANI.
Que dit-il?
       DON CARLOS, *à Josefa interdite.*
             Ouvrez donc, vous dis-je!
             On frappe toujours.
       Doña Josefa va ouvrir en tremblant.
       DONA SOL.
                   Je suis morte!

SCÈNE III.

LES MÊMES; DON RUY GOMEZ DE SILVA, *barbe et cheveux blancs; en noir.* VALETS *avec des flambeaux.*

       DON RUY GOMEZ.
Des hommes chez ma nièce à cette heure de nuit!
Venez tous! cela vaut la lumière et le bruit.
   A doña Sol.
Par saint Jean d'Avila, je crois que sur mon âme [me.
Nous sommes trois chez vous, c'est trop de deux, mada-
   Aux deux jeunes gens.
Mes jeunes cavaliers, que faites-vous céans? —
Quand nous avions le Cid et Bernard, ces géants
De l'Espagne et du monde allaient par les Castilles
Honorant les vieillards et protégeant les filles.
C'étaient des hommes forts et qui trouvaient moins
Leur fer et leur acier que vos velours. [lourds
Ces hommes-là portaient respect aux barbes grises,
Faisaient agenouiller leur amour aux églises,
Ne trahissaient personne, et donnaient pour raison
Qu'ils avaient à garder l'honneur de leur maison.
S'ils voulaient une femme, ils la prenaient sans tache,
En plein jour, devant tous, et l'épée, ou la hache,
Ou la lance à la main! — Et quant à ces félons

Qui le soir, et les yeux tournés vers leurs talons,
Ne fiant qu'à la nuit leurs manœuvres infâmes,
Par derrière aux maris volent l'honneur des femmes,
J'affirme que le Cid, cet aïeul de nous tous,
Les eût tenus pour vils et fait mettre à genoux,
Et qu'il eût, dégradant leur noblesse usurpée,
Souffleté leur blason du plat de son épée !
Voilà ce que feraient, j'y songe avec ennui,
Les hommes d'autrefois aux hommes d'aujourd'hui.
— Qu'êtes-vous venus faire ici ? C'est donc à dire
Que je ne suis qu'un vieux dont les jeunes vont rire ?
On va rire de moi, soldat de Zamora ?
Et quand je passerai, tête blanche, on rira ?
Ce n'est pas vous du moins qui rirez !

HERNANI.
                    Duc...

DON RUY GOMEZ.
                        Silence !
Quoi ! vous avez l'épée, et la bague, et la lance,
La chasse, les festins, les meutes, les faucons,
Les chansons à chanter le soir sous les balcons,
Les plumes au chapeau, les casaques de soie,
Les bals, les carrousels, la jeunesse, la joie,
Enfants, l'ennui vous gagne ! à tout prix, au hasard,
Il vous faut un hochet. Vous prenez un vieillard !
Ah ! vous l'avez brisé, le hochet ! mais Dieu fasse
Qu'il vous puisse en éclats rejaillir à la face ! —
Suivez-moi !

HERNANI.
Seigneur duc...

DON RUY GOMEZ.
            Suivez-moi ! suivez-moi !
Messieurs ! avons-nous fait cela pour rire ? Quoi !
Un trésor est chez moi. C'est l'honneur d'une fille,
D'une femme, l'honneur de toute une famille ;
Cette fille, je l'aime, elle est ma nièce, et doit
Bientôt changer sa bague à l'anneau de mon doigt ;
Je la crois chaste et pure, et sacrée à tout homme ;
Or il faut que je sorte une heure, et moi qu'on nomme
Ruy Gomez de Silva, je ne puis l'essayer
Sans qu'un larron d'honneur se glisse à mon foyer !
Arrière ! lavez donc vos mains, hommes sans âmes,
Car, rien qu'en y touchant, vous nous tachez nos fem-
                                                [mes !
Non. C'est bien. Poursuivez. Ai-je autre chose encor ?
Il arrache son collier.
Tenez, foulez aux pieds, foulez ma Toison-d'Or !
Il jette son chapeau.
Arrachez mes cheveux, faites-en chose vile !
Et vous pourrez demain vous vanter par la ville
Que jamais débauchés, dans leurs jeux insolents,
N'ont sur plus noble front souillé cheveux plus blancs !

DONA SOL.
Monseigneur...

DON RUY GOMEZ, *à ses valets.*
            Écuyers ! écuyers ! à mon aide !
Ma hache, mon poignard, ma dague de Tolède !
Aux deux jeunes gens.
Et suivez-moi tous deux !

DON CARLOS, *faisant un pas.*
                    Duc, ce n'est pas d'abord
De cela qu'il s'agit. Il s'agit de la mort
De Maximilien, empereur d'Allemagne.
Il jette son manteau, et découvre son visage caché par son chapeau.

DON RUY GOMEZ.
Raillez-vous ?... Dieu ! le Roi !

DONA SOL.
            Le Roi !

HERNANI, *dont les yeux s'allument.*
                Le Roi d'Espagne !

DON CARLOS, *gravement.*
Oui, Carlos. — Seigneur duc, es-tu donc insensé ?
Mon aïeul l'empereur est mort, je ne le sai

Que de ce soir, je viens, tout en hâte, et moi-même
Dire la chose à toi, féal sujet que j'aime,
Te demander conseil, incognito, la nuit,
Et l'affaire est bien simple, et voilà bien du bruit !
Don Ruy Gomez renvoie ses gens d'un signe. Il s'approche de don Carlos que doña Sol examine avec crainte et surprise, et sur lequel Hernani, demeuré dans un coin, fixe des yeux étincelants.

DON RUY GOMEZ.
Mais pourquoi tarder tant à m'ouvrir cette porte ?

DON CARLOS.
Belle raison ! tu viens avec toute une escorte !
Quand un secret d'état m'amène en ton palais,
Duc, est-ce pour l'aller dire à tous tes valets ?

DON RUY GOMEZ.
Altesse, pardonnez... l'apparence...

DON CARLOS.
                        Bon père,
Je t'ai fait gouverneur du château de Figuère,
Mais qui dois-je à présent faire ton gouverneur ?

DON RUY GOMEZ.
Pardonnez...

DON CARLOS.
        Il suffit. N'en parlons plus, seigneur.
Donc l'empereur est mort ?

DON RUY GOMEZ.
                    L'aïeul de votre altesse
Est mort ?

DON CARLOS.
        Duc, tu m'en vois pénétré de tristesse.

DON RUY GOMEZ.
Qui lui succède ?

DON CARLOS.
            Un duc de Saxe est sur les rangs.
François Premier, de France, est un des concurrents.

DON RUY GOMEZ.
Où vont se rassembler les électeurs d'empire ?

DON CARLOS.
Ils ont choisi, je crois, Aix-la-Chapelle, — ou Spire,
— Ou Francfort.

DON RUY GOMEZ.
            Notre Roi, dont Dieu garde les jours,
N'a-t-il pensé jamais à l'empire ?

DON CARLOS.
                        Toujours.

DON RUY GOMEZ.
C'est à vous qu'il revient.

DON CARLOS.
                Je le sais.

DON RUY GOMEZ.
                        Votre père
Fut archiduc d'Autriche, et l'empire, j'espère,
Aura ceci présent, que c'était votre aïeul
Celui qui vient de choir de la pourpre au linceul.

DON CARLOS.
Et puis, on est bourgeois de Gand.

DON RUY GOMEZ.
                        Dans mon jeune âge
Je le vis, votre aïeul. Hélas ! seul il surnage
D'un siècle tout entier. Tout est mort à présent.
C'était un empereur magnifique et puissant !

DON CARLOS.
Rome est pour moi.

DON RUY GOMEZ.
            Vaillant, ferme, point tyrannique.
Cette tête allait bien au vieux corps germanique !
Il s'incline sur les mains du Roi, et les baise.
Que je vous plains ! — Si jeune, en un tel deuil plongé !

DON CARLOS.
Le pape veut ravoir la Sicile que j'ai ;
Un empereur ne peut posséder la Sicile ;
Il me fait empereur, alors, en fils docile,
Je lui rends Naple. — Ayons l'aigle, et puis nous verrons
Si je lui laisserai rogner les ailerons. —

DON RUY GOMEZ.
Qu'avec joie il verrait, ce vétéran du trône,
Votre front déjà large aller à sa couronne !
Ah ! Seigneur, avec vous nous le pleurerons bien,
Cet empereur très-grand, très-bon et très-chrétien !
DON CARLOS.
Le Saint-Père est adroit. — Qu'est-ce que la Sicile ?
C'est une île qui pend à mon royaume, une île,
Une pièce, un haillon, qui, tout déchiqueté,
Tient à peine à l'Espagne et qui traîne à côté.
— Que ferez-vous, mon fils, de cette île bossue,
Au monde impérial au bout d'un fil cousue ?
Votre empire est mal fait : vite, venez ici,
Des ciseaux ! et coupons ! — Très-Saint-Père, merci !
Car de ces pièces-là, si j'ai bonne fortune,
Je compte au saint empire en recoudre plus d'une ;
Et si quelques lambeaux m'en étaient arrachés,
Rapiécer mes états d'îles et de duchés !
DON RUY GOMEZ.
Consolez-vous ! il est un empire des justes
Où l'on revoit les morts plus saints et plus augustes !
DON CARLOS.
Ce roi François Premier, c'est un ambitieux !
Le vieil empereur mort, vite ! il fait les doux yeux
A l'empire ! A-t-il pas sa France très-chrétienne ?
Ah ! la part est pourtant belle, et vaut qu'on s'y tienne !
L'empereur mon aïeul disait au roi Louis :
— Si j'étais Dieu le père, et si j'avais deux fils,
Je ferais l'aîné Dieu, le second roi de France. —
Au duc.
Crois-tu que François puisse avoir quelque espérance ?
DON RUY GOMEZ.
C'est un victorieux.
DON CARLOS.
Il faudrait tout changer.
La bulle d'or défend d'élire un étranger.
DON RUY GOMEZ.
A ce compte, seigneur, vous êtes roi d'Espagne ?
DON CARLOS.
Je suis bourgeois de Gand.
DON RUY GOMEZ.
La dernière campagne
A fait monter bien haut le roi François Premier.
DON CARLOS.
L'aigle qui va peut-être éclore à mon cimier
Peut aussi déployer ses ailes.
DON RUY GOMEZ.
Votre altesse
Sait-elle le latin ?
DON CARLOS.
Mal.
DON RUY GOMEZ.
Tant pis. La noblesse
D'Allemagne aime fort qu'on lui parle latin.
DON CARLOS.
Ils se contenteront d'un espagnol hautain,
Car il importe peu, croyez-en le roi Charle,
Quand la voix parle haut, quelle langue elle parle.
—Je vais en Flandre. Il faut que ton fils, cher Silva,
Te revienne empereur. Le roi de France va
Tout remuer. Je veux le gagner de vitesse.
Je partirai sous peu.
DON RUY GOMEZ.
Vous nous quittez, altesse,
Sans purger l'Aragon de ces nouveaux bandits
Qui partout dans nos monts lèvent leurs fronts hardis ?
DON CARLOS.
J'ordonne au duc d'Arcos d'exterminer la bande.
DON RUY GOMEZ.
Donnez-vous aussi l'ordre au chef qui la commande
De se laisser faire ?
DON CARLOS.
Hé ! quel est ce chef ? son nom ?

DON RUY GOMEZ.
Je l'ignore. On le dit un rude compagnon.
DON CARLOS.
Bah ! je sais que pour l'heure il se cache en Galice,
Et j'en aurai raison avec quelque milice.
DON RUY GOMEZ.
De faux avis alors le disaient près d'ici.
DON CARLOS.
Faux avis ! — Cette nuit tu me loges.
DON RUY GOMEZ, *s'inclinant jusqu'à terre.*
Merci,
Altesse !
Il appelle ses valets.
Faites tous honneur au Roi mon hôte !
Les valets rentrent avec des flambeaux. Le duc les
range sur deux haies jusqu'à la porte du fond. Cependant doña Sol s'approche lentement d'Hernani.
Le roi les épie tous deux.
DOÑA SOL, *bas à Hernani.*
Demain, sous ma fenêtre, à minuit, et sans faute,
Vous frapperez des mains trois fois.
HERNANI, *bas.*
Demain ?
DON CARLOS, *à part.*
Demain !
Haut à doña Sol, vers laquelle il fait un pas avec
galanterie.
Souffrez que pour rentrer je vous offre la main.
Il la reconduit à la porte. Elle sort.
HERNANI, *la main dans sa poitrine sur la poignée
de sa dague.*
Mon bon poignard !
DON CARLOS, *revenant, à part.*
Notre homme a la mine attrapée.
Il prend à part Hernani.
Je vous ai fait l'honneur de toucher votre épée,
Monsieur. Vous me seriez suspect pour cent raisons.
Mais le roi don Carlos répugne aux trahisons.
Allez. Je daigne encor protéger votre fuite.
DON RUY GOMEZ, *revenant et montrant Hernani.*
Qu'est ce seigneur ?
DON CARLOS.
Il part. C'est quelqu'un de ma suite.
Ils sortent avec les valets et les flambeaux, le duc précédant le roi une cire à la main.

SCÈNE IV.

HERNANI, *seul.*

Oui, de ta suite, ô roi ! de ta suite ! — j'en suis.
Nuit et jour, en effet, pas à pas, je te suis !
Un poignard à la main, l'œil fixé sur ta trace,
Je vais ! Ma race en moi poursuit en toi ta race !
Et puis, te voilà donc mon rival ! un instant
Entre aimer et haïr je suis resté flottant,
Mon cœur pour elle et toi n'était point assez large,
J'oubliais en l'aimant ta haine qui me charge,
Mais puisque tu le veux, puisque c'est toi qui viens
Me faire souvenir, c'est bon, je me souviens !
Mon amour fait pencher la balance incertaine
Et tombe tout entier du côté de ma haine.
Oui, je suis de ta suite, et c'est toi qui l'as dit !
Va ! jamais courtisan de ton lever maudit,
Jamais seigneur baisant ton ombre, ou majordome
Ayant à te servir abjuré son cœur d'homme,
Jamais chiens de palais dressés à suivre un roi,
Ne seront sur tes pas plus assidus que moi !
Ce qu'ils veulent de toi, tous ces grands de Castille,
C'est quelque titre creux, quelque hochet qui brille,
C'est quelque mouton d'or qu'on se va pendre au cou ;
Moi, pour vouloir si peu je ne suis pas si fou !
Ce que je veux de toi, ce n'est point faveurs vaines,

C'est l'âme de ton corps, c'est le sang de tes veines,
C'est tout ce qu'un poignard, furieux et vainqueur,
En y fouillant long-temps peut prendre au fond d'un [cœur !
Va devant ! je te suis. Ma vengeance qui veille
Avec moi toujours marche et me parle à l'oreille !
Va ! je suis là, j'épie et j'écoute, et sans bruit
Mon pas marche ton pas et le presse et le suit !
Le jour tu ne pourras, ô roi, tourner la tête,
Sans me voir immobile et sombre dans ta fête,
La nuit tu ne pourras tourner les yeux, ô roi,
Sans voir mes yeux ardents luire derrière toi !

Il sort par la petite porte.

ACTE DEUXIÈME.

Un patio du palais de Silva. — A gauche, les grands murs du palais, avec une fenêtre à balcon. Au-dessous de la fenêtre, une petite porte. A droite et au fond, des maisons et des rues. — Il est nuit. On voit briller çà et là, aux façades des édifices, quelques fenêtres encore éclairées.

SCÈNE I.

DON CARLOS, DON SANCHO SANCHEZ DE ZUNIGA, COMTE DE MONTEREY; DON MATIAS CENTURION, MARQUIS D'ALMUNAN ; DON RICARDO DE ROXAS, SEIGNEUR DE CASAPALMA.

Ils arrivent tous quatre, don Carlos en tête, chapeaux rabattus, enveloppés de longs manteaux dont leurs épées soulèvent le bord inférieur.

DON CARLOS, *examinant le balcon.*
Voilà bien le balcon, la porte... mon sang bout.
Montrant la fenêtre qui n'est pas éclairée.
Pas de lumière encor !
Il promène ses yeux sur les autres croisées éclairées.
Des lumières partout
Où je n'en voudrais pas, hors à cette fenêtre
Où j'en voudrais !
DON SANCHO.
Seigneur, reparlons de ce traître.
Et vous l'avez laissé partir !
DON CARLOS.
Comme tu dis !
DON MATIAS.
Et peut-être c'était le major des bandits !
DON CARLOS.
Qu'il en soit le major ou bien le capitaine,
Jamais roi couronné n'eut mine plus hautaine.
DON SANCHO.
Son nom, seigneur ?
DON CARLOS, *les yeux toujours fixés sur la fenêtre.*
Munoz... Fernan...
Avec le geste d'un homme qui se rappelle tout à coup.
Un nom en i !
DON SANCHO.
Hernani, peut-être ?
DON CARLOS.
Oui.
DON SANCHO.
C'est lui !
DON MATIAS.
C'est Hernani !
Le chef !
DON SANCHO, *au Roi.*
De ses propos vous reste-t-il mémoire ?
DON CARLOS, *qui ne quitte pas la fenêtre des yeux.*
Hé ! je n'entendais rien dans leur maudite armoire !
DON SANCHO.
Mais pourquoi le lâcher lorsque vous le tenez ?
Don Carlos se tourne gravement et le regarde en face.
DON CARLOS.
Comte de Monterey, vous me questionnez.
Les deux seigneurs reculent et se taisent.
Et d'ailleurs, ce n'est point le souci qui m'arrête.
J'en veux à sa maîtresse et non point à sa tête.
J'en suis amoureux fou ! les yeux noirs les plus beaux,
Mes amis ! deux miroirs ! deux rayons ! deux flambeaux !
Je n'ai rien entendu de toute leur histoire
Que ces trois mots : — Demain, venez à la nuit noire ! —
Mais c'est l'essentiel. Est-ce pas excellent ?
Pendant que ce bandit, à mine de galant,
S'attarde à quelque meurtre, à creuser quelque tombe,
Je viens tout doucement dénicher sa colombe.
DON RICARDO.
Altesse, il eût fallu, pour compléter le tour,
Dénicher la colombe en tuant le vautour.
DON CARLOS, *à don Ricardo.*
Comte ! un digne conseil ! vous avez la main prompte !
DON RICARDO, *s'inclinant profondément.*
Sous quel titre plaît-il au roi que je sois comte ?
DON SANCHO, *vivement.*
C'est méprise !
DON RICARDO, *à don Sancho.*
Le roi m'a nommé comte.
DON CARLOS.
Assez !
Bien.
A Ricardo.
J'ai laissé tomber ce titre. Ramassez.
DON RICARDO, *s'inclinant de nouveau.*
Merci, seigneur !
DON SANCHO, *à don Matias.*
Beau comte ! un comte de surprise !
Le roi se promène au fond du théâtre, examinant avec impatience les fenêtres éclairées. Les deux seigneurs causent sur le devant de la scène.
DON MATIAS, *à don Sancho.*
Mais que fera le roi, la belle une fois prise ?
DON SANCHO, *regardant Ricardo de travers.*
Il la fera comtesse, et puis dame d'honneur.
Puis qu'il en ait un fils, il sera roi.
DON MATIAS.
Seigneur !
Allons donc, un bâtard ! comte, fût-on altesse,
On ne saurait tirer un roi d'une comtesse !
DON SANCHO.
Il la fera marquise, alors, mon cher marquis.
DON MATIAS.
On garde les bâtards pour les pays conquis.
On les fait vice-rois. C'est à cela qu'ils servent.
Don Carlos revient.
DON CARLOS, *regardant avec colère toutes les fenêtres éclairées.*
Dirait-on pas des yeux jaloux qui nous observent ?
Enfin ! en voilà deux qui s'éteignent ! allons !
Messieurs ! que les instants de l'attente sont longs !
Qui fera marcher l'heure avec plus de vitesse ?
DON SANCHO.
C'est ce que nous disons souvent chez votre altesse.
DON CARLOS.
Cependant que chez vous mon peuple le redit.
La dernière fenêtre éclairée s'éteint.

— La dernière est éteinte! —
Tourné vers le balcon de doña Sol toujours noir.
O vitrage maudit!
Quand t'éclaireras-tu? — Cette nuit est bien sombre.
Doña Sol, viens briller comme un astre dans l'ombre!
  A don Ricardo.
Est-il minuit?

DON RICARDO.
Minuit bientôt.

DON CARLOS.
Il faut finir
Pourtant! A tout moment l'autre peut survenir.
La fenêtre de doña Sol s'éclaire. On voit son ombre se dessiner sur les vitraux lumineux.
Mes amis! un flambeau! son ombre à la fenêtre!
Jamais jour ne me fut plus charmant à voir naître.
Hâtons-nous! faisons-lui le signal qu'elle attend.
Il faut frapper des mains trois fois. — Dans un instant,
Mes amis, vous allez la voir!...— Mais notre nombre
Va l'effrayer peut-être...—Allez tous trois dans l'om-
Là-bas, épier l'autre. Amis, partageons-nous [bre,
Les deux amants. Tenez, à moi la dame, à vous
Le brigand.

DON RICARDO.
Grand merci!

DON CARLOS.
S'il vient, de l'embuscade
Sortez vite, et poussez au drôle une estocade.
Pendant qu'il reprendra ses esprits sur le grès
J'emporterai la belle, et nous rirons après.
N'allez pas cependant le tuer! c'est un brave,
Après tout, et la mort d'un homme est chose grave.

Les deux seigneurs s'inclinent et sortent. Don Carlos les laisse s'éloigner, puis frappe des mains à deux reprises. A la deuxième fois, la fenêtre s'ouvre et doña Sol paraît en blanc sur le balcon.

SCÈNE II.

DON CARLOS, DONA SOL.

DONA SOL, *au balcon.*
Est-ce vous, Hernani?

DON CARLOS, *à part.*
Diable! ne parlons pas!
Il frappe de nouveau des mains.

DONA SOL.
Je descends.

Elle referme la fenêtre, dont la lumière disparaît. Un moment après, la petite porte s'ouvre et doña Sol en sort sa lampe à la main, sa mante sur les épaules.

DONA SOL, *entr'ouvrant la porte.*
Hernani!
Don Carlos rabat son chapeau sur son visage et s'avance précipitamment vers elle.

DONA SOL, *laissant tomber sa lampe.*
Dieu! ce n'est point son pas!
Elle veut rentrer. Don Carlos court à elle et la retient par le bras.

DON CARLOS.
Doña Sol!

DONA SOL.
Ce n'est point sa voix! Ah! malheureuse!

DON CARLOS.
Eh! quelle voix veux-tu, qui soit plus amoureuse?
C'est toujours un amant, et c'est un amant roi!

DONA SOL.
Le roi!

DON CARLOS.
Souhaite, ordonne, un royaume est à toi!
Car celui dont tu veux briser la douce entrave,
C'est le roi ton seigneur! c'est Carlos ton esclave!

DONA SOL, *cherchant à se dégager de ses bras.*
Au secours, Hernani!

DON CARLOS.
Le juste et digne effroi!
Ce n'est pas ton bandit qui te tient, c'est le roi!

DONA SOL.
Non, le bandit, c'est vous.— N'avez-vous pas de honte?
Ah! pour vous à la face une rougeur me monte.
Sont-ce là les exploits dont le roi fera bruit?
Venir ravir de force une femme la nuit!
Que mon bandit vaut mieux cent fois! Roi, je proclame
Que si l'homme naissait où le place son âme,
Si Dieu faisait le rang à la hauteur du cœur,
Certe, il serait le roi, prince, et vous le voleur!

DON CARLOS, *essayant de l'attirer.*
Madame...

DONA SOL.
Oubliez-vous que mon père était comte?

DON CARLOS.
Je vous ferai duchesse.

DONA SOL, *le repoussant.*
Allez! c'est une honte!
Elle recule de quelques pas.
Il ne peut être rien entre nous, don Carlos.
Mon vieux père a pour vous versé son sang à flots.
Moi je suis fille noble, et de ce sang jalouse.
Trop pour la concubine, et trop peu pour l'épouse!

DON CARLOS.
Princesse!

DONA SOL.
Roi Carlos, à des filles de rien
Portez votre amourette! ou je pourrai fort bien,
Si vous m'osez traiter d'une façon infâme,
Vous montrer que je suis dame, et que je suis femme!

DON CARLOS.
Eh bien! partagez donc et mon trône et mon nom.
Venez! vous serez reine, impératrice!

DONA SOL.
Non.
C'est un leurre.— Et d'ailleurs, altesse, avec franchise,
S'agit-il pas de vous, s'il faut que je le dise,
J'aime mieux avec lui, mon Hernani, mon roi,
Vivre errante, en dehors du monde et de la loi,
Ayant faim, ayant soif, fuyant toute l'année,
Partageant jour à jour sa pauvre destinée,
Abandon, guerre, exil, deuil, misère et terreur,
Que d'être impératrice avec un empereur!

DON CARLOS.
Que cet homme est heureux!

DONA SOL.
Quoi! pauvre, proscrit même?...

DON CARLOS.   [l'aime!
Qu'il fait bien d'être pauvre et proscrit, puisqu'on
— Moi je suis seul! — Un ange accompagne ses pas!
— Donc, vous me haïssez?

DONA SOL.
Je ne vous aime pas.

DON CARLOS, *la saisissant avec violence.*
Hé bien! que vous m'aimiez ou non, cela n'importe!
Vous viendrez, et ma main plus que la vôtre est forte.
Vous viendrez! je vous veux! Pardieu, nous verrons
Si je suis roi d'Espagne et des Indes pour rien! [bien

DONA SOL, *se débattant.*
Seigneur! ô par pitié!— Quoi! vous êtes altesse!
Vous êtes roi. Duchesse, ou marquise, ou comtesse,
Vous n'avez qu'à choisir. Les femmes de la cour
Ont toujours un amour tout prêt pour votre amour.
Mais mon proscrit, qu'a-t-il reçu du ciel avare?
Ah! vous avez Castille, Aragon, et Navarre,
Et Murcie, et Léon, dix royaumes encor!
Et les Flamands, et l'Inde avec les mines d'or!
Vous avez un empire auquel nul roi ne touche,
Si vaste, que jamais le soleil ne s'y couche!
Et quand vous avez tout, voudrez-vous, vous, le roi,
Me prendre, pauvre fille, à lui qui n'a que moi?

Elle se jette à ses genoux, il cherche à l'entraîner.

DON CARLOS.
Viens! Je n'écoute rien.—Viens. Si tu m'accompagnes,
Je te donne, choisis, quatre de mes Espagnes!
Dis, lesquelles veux-tu? Choisis!
Elle se débat dans ses bras.
DONA SOL.
Pour mon honneur,
Je ne veux rien de vous que ce poignard, seigneur!
Elle lui arrache le poignard de sa ceinture. Il la lâche et recule.
Avancez maintenant! faites un pas!
DON CARLOS.
La belle!
Je ne m'étonne plus si l'on aime un rebelle!
Il veut faire un pas. Elle lève le poignard.
DONA SOL.
Pour un pas, je vous tue et me tue!
Il recule encore. Elle se détourne et crie avec force.
Hernani!
DON CARLOS.
Taisez-vous!
DONA SOL, *le poignard levé.*
Un pas! tout est fini.
DON CARLOS.
Madame! à cet excès ma douceur est réduite.
J'ai là pour vous forcer trois hommes de ma suite...
HERNANI, *surgissant tout à coup derrière lui.*
Vous en oubliez un!
Le roi se retourne et voit Hernani, immobile derrière lui, dans l'ombre, les bras croisés sous le long manteau qui l'enveloppe, et le large bord de son chapeau relevé. — Doña Sol pousse un cri, court à Hernani et l'entoure de ses bras.

SCÈNE III.

DON CARLOS, DONA SOL, HERNANI.

HERNANI, *immobile, les bras toujours croisés et ses yeux étincelants fixés sur le roi.*
Oh! le ciel m'est témoin
Que volontiers je l'eusse été chercher plus loin!
DONA SOL.
Hernani, sauvez-moi de lui!
HERNANI.
Soyez tranquille,
Mon amour!
DON CARLOS.
Que font donc mes amis par la ville?
Avoir laissé passer ce chef de bohémiens!
Appelant!
Monterey!
HERNANI.
Vos amis sont au pouvoir des miens.
Et ne réclamez pas leur épée impuissante, [soixante.
Pour trois qui vous viendraient, il m'en viendrait
Soixante dont un seul vous vaut tous quatre. Ainsi
Vidons entre nous deux notre querelle ici.
Quoi! vous portiez la main sur cette jeune fille!
C'était d'un imprudent, seigneur roi de Castille,
Et d'un lâche!
DON CARLOS, *souriant avec dédain.*
Seigneur bandit, de vous à moi
Pas de reproche!
HERNANI.
Il raille! Oh! je ne suis pas roi!
Mais quand un roi m'insulte et pour surcroît me raille,
Ma colère va haut et me monte à sa taille,
Et, prenez garde, on craint, quand on me fait affront,
Plus qu'un cimier de roi la rougeur de mon front!
Vous êtes insensé si quelque espoir vous leurre.
Il lui saisit le bras.
Savez-vous quelle main vous étreint à cette heure?

Écoutez: votre père a fait mourir le mien,
Je vous hais. Vous avez pris mon titre et mon bien,
Je vous hais. Nous aimons tous deux la même femme,
Je vous hais, je vous hais,—oui, je te hais dans l'âme!
DON CARLOS.
C'est bien.
HERNANI.
Ce soir pourtant ma haine était bien loin,
Je n'avais qu'un désir, qu'une ardeur, qu'un besoin,
Doña Sol!—plein d'amour, j'accourais...Sur mon âme!
Je vous trouve essayant contre elle un rapt infâme!
Quoi! vous que j'oubliais, sur ma route placé!...—
Seigneur, je vous le dis, vous êtes insensé!
Don Carlos, te voilà pris dans ton propre piége!
Ni fuite, ni secours! je te tiens et t'assiége!
Seul, entouré partout d'ennemis acharnés,
Que vas-tu faire?
DON CARLOS, *fièrement.*
Allons! vous me questionnez!
HERNANI.
Va, va, je ne veux pas qu'un bras obscur te frappe.
Il ne sied pas qu'ainsi ma vengeance m'échappe!
Tu ne seras touché par un autre que moi.
Défends-toi donc.
Il tire son épée.
DON CARLOS.
Je suis votre seigneur le roi.
Frappez, mais pas de duel.
HERNANI.
Seigneur, qu'il te souvienne
Qu'hier encor ta dague a rencontré la mienne.
DON CARLOS.
Je le pouvais hier. J'ignorais votre nom,
Vous ignoriez mon titre. Aujourd'hui, compagnon,
Vous savez qui je suis et je sais qui vous êtes.
HERNANI.
Peut-être.
DON CARLOS.
Pas de duel. Assassinez-moi. Faites?
HERNANI.
Crois-tu donc que les rois, à moi, me sont sacrés?
Çà, te défendras-tu?
DON CARLOS.
Vous m'assassinerez.
Ah! vous croyez, bandits, que vos brigades viles
Pourront impunément s'épandre dans les villes?
Hernani recule. Don Carlos fixe des yeux d'aigle sur lui.
Que teints de sang, chargés de meurtres, malheureux!
Vous pourrez après tout faire les généreux!
Et que nous daignerons, nous, victimes trompées,
Anoblir vos poignards du choc de nos épées!
Non, le crime vous tient. Partout vous le traînez.
Nous, des duels avec vous! arrière! assassinez.
Hernani, sombre et pensif, tourmente quelques instants de la main la poignée de son épée, puis se retourne brusquement vers le roi, et brise la lame sur le pavé.
HERNANI.
Va-t'en donc!
Le roi se tourne à demi vers lui et le regarde avec hauteur.
Nous aurons des rencontres meilleures.
Va-t'en.
DON CARLOS.
C'est bien, monsieur. Je vais dans quelques heures
Rentrer, moi votre roi, dans le palais ducal.
Mon premier soin sera de mander le fiscal.
A-t-on fait mettre à prix votre tête?
HERNANI.
Oui.
DON CARLOS.
Mon maître,
Je vous tiens de ce jour sujet rebelle et traître.
Je vous en avertis, partout je vous poursuis.
Je vous fais mettre au ban du royaume.

HERNANI.
J'y suis
Déjà.
DON CARLOS.
Bien.
HERNANI.
Mais la France est auprès de l'Espagne.
C'est un port.
DON CARLOS.
Je vais être empereur d'Allemagne.
Je vous fais mettre au ban de l'empire.
HERNANI.
A ton gré.
J'ai le reste du monde où je te braverai.
Il est plus d'un asile où ta puissance tombe.
DON CARLOS.
Et quand j'aurai le monde?
HERNANI.
Alors, j'aurai la tombe.
DON CARLOS.
Je saurai déjouer vos complots insolents.
HERNANI.
La vengeance est boiteuse, elle vient à pas lents,
Mais elle vient.
DON CARLOS, *riant à demi, avec dédain.*
Toucher à la dame qu'adore
Ce bandit!
HERNANI, *dont les yeux se rallument.*
Songes-tu que je te tiens encore!
Ne me rappelle pas, futur césar romain,
Que je t'ai là, chétif et petit dans ma main,
Et que si je serrais cette main trop loyale
J'écraserais dans l'œuf ton aigle impériale!
DON CARLOS.
Faites!
HERNANI.
Va-t'en! va-t'en!
Il ôte son manteau et le jette sur les épaules du roi.
Fuis, et prends ce manteau.
Car dans nos rangs pour toi je crains quelque couteau.
Le roi s'enveloppe du manteau.
Pars tranquille à présent! Ma vengeance altérée
Pour tout autre que moi fait ta tête sacrée.
DON CARLOS.
Monsieur, vous qui venez de me parler ainsi,
Ne demandez un jour ni grâce ni merci!
Il sort.

SCÈNE IV.

HERNANI, DONA SOL.

DONA SOL, *saisissant la main d'Hernani.*
Maintenant! fuyons vite!
HERNANI, *la repoussant avec une douceur grave.*
Il vous sied, mon amie,
D'être dans mon malheur toujours plus raffermie,
De n'y point renoncer, et de vouloir toujours
Jusqu'au fond, jusqu'au bout accompagner mes jours.
C'est un noble dessein, digne d'un cœur fidèle!
Mais tu le vois, mon Dieu, pour tant accepter d'elle,
Pour emporter joyeux dans mon antre avec moi
Ce trésor de beauté qui rend jaloux un roi,
Pour que ma doña Sol me suive et m'appartienne,
Pour lui prendre sa vie et la joindre à la mienne,
Pour l'entraîner sans honte encore et sans regrets,
Il n'est plus temps! je vois l'échafaud de trop près.
DONA SOL.
Que dites-vous?
HERNANI.
Ce roi que je bravais en face
Va me punir d'avoir osé lui faire grâce.
Il fuit! Déjà peut-être il est dans son palais.
Il appelle ses gens, ses gardes, ses valets,
Ses seigneurs, ses bourreaux...
DONA SOL.
Hernani! Dieu! je tremble!
Eh bien, hâtons-nous donc alors! Fuyons ensemble!
HERNANI.
Ensemble! Non, non. L'heure en est passée! Hélas,
Doña Sol, à mes yeux quand tu te révélas,
Bonne, et daignant m'aimer d'un amour secourable,
J'ai bien pu vous offrir, moi, pauvre misérable,
Ma montagne, mon bois, mon torrent, — ta pitié
M'enhardissait, — mon pain de proscrit, la moitié
Du lit vert et touffu que la forêt me donne.
Mais t'offrir la moitié de l'échafaud! pardonne,
Doña Sol, l'échafaud, c'est à moi seul!
DONA SOL.
Pourtant
Vous me l'aviez promis!
HERNANI, *tombant à ses genoux.*
Ange! ah! dans cet instant
Où la mort vient peut-être, où s'approche dans l'om-
Un sombre dénoûment pour un destin bien sombre,[bre
Je le déclare ici, proscrit, traînant au flanc
Un souci profond, né dans un berceau sanglant,
Si noir que soit le deuil qui s'épand sur ma vie,
Je suis un homme heureux, et je veux qu'on m'envie,
Car vous m'avez aimé! car vous me l'avez dit!
Car vous avez tout bas béni mon front maudit!
DONA SOL, *penchée sur sa tête.*
Hernani!
HERNANI.
Loué soit le sort doux et propice
Qui me mit cette fleur au bord du précipice!
Il se relève.
Et ce n'est pas pour vous que je parle en ce lieu,
Je parle pour le ciel qui m'écoute, et pour Dieu!
DONA SOL.
Souffre que je te suive!
HERNANI.
Oh! ce serait un crime
Que d'arracher la fleur en tombant dans l'abîme!
Va, j'en ai respiré le parfum! c'est assez!
Renoue à d'autres jours tes jours par moi froissés.
Épouse ce vieillard! c'est moi qui te délie!
Je rentre dans ma nuit. Toi, sois heureuse, oublie!
DONA SOL.
Non, je te suis! Je veux ma part de ton linceul!
Je m'attache à tes pas!
HERNANI, *la serrant dans ses bras.*
Oh! laisse-moi fuir seul!
Je suis banni! je suis proscrit! je suis funeste!
Il la quitte avec un mouvement convulsif et veut fuir.
DONA SOL, *douloureusement et joignant les mains.*
Hernani! tu me fuis!
HERNANI, *revenant sur ses pas.*
Hé bien, non! non, je reste.
Tu le veux, me voici. Viens, oh! viens dans mes bras.
Je reste et resterai tant que tu le voudras.
Oublions-les! restons! —
Il s'assied sur un banc de pierre.
Sieds-toi sur cette pierre!
Il se place à ses pieds.
Des flammes de tes yeux inonde ma paupière.
Chante-moi quelque chant comme parfois le soir
Tu m'en chantais, avec des pleurs dans ton œil noir!
Soyons heureux! buvons, car la coupe est remplie,
Car cette heure est à nous, et le reste est folie!
Parle-moi, ravis-moi! N'est-ce pas qu'il est doux
D'aimer et de savoir qu'on vous aime à genoux?
D'être deux? Et que c'est douce chose
De se parler d'amour la nuit quand tout repose?
Oh! laisse-moi dormir et rêver sur ton sein,
Doña Sol! mon amour! ma beauté!...
Bruit de cloches au loin.

DONA SOL, *se levant effarée.*
Le tocsin !
Entends-tu ? le tocsin !
HERNANI, *toujours à ses genoux.*
Eh non ! c'est notre noce
Qu'on sonne, .
Le bruit de cloches augmente. Cris confus. Flambeaux et lumières à toutes les fenêtres, sur tous les toits, dans toutes les rues.
DONA SOL.
Lève-toi ! fuis ! Grand Dieu ! Sarragosse
S'allume !
HERNANI, *se soulevant à demi.*
Nous aurons une noce aux flambeaux !
DONA SOL.
C'est la noce des morts ! la noce des tombeaux !
Bruit d'épées. Cris.
HERNANI, *se recouchant sur le banc de pierre.*
Rendormons-nous !
UN MONTAGNARD, *l'épée à la main, accourant.*
Seigneur ! les sbires, les alcades
Débouchent dans la place en longues cavalcades !
Alerte, monseigneur !...
Hernani se lève.
DONA SOL, *pâle.*
Ah ! tu l'avais bien dit.
LE MONTAGNARD.
Au secours !...,
HERNANI, *au montagnard.*
Me voici. C'est bien.

CRIS CONFUS *au dehors.*
Mort au bandit !
HERNANI, *au montagnard.*
Ton épée...
A doña Sol.
Adieu donc !
DONA SOL.
C'est moi qui fais ta perte !
Où vas-tu ?
Lui montrant la petite porte.
Viens, fuyons par cette porte ouverte !
HERNANI.
Dieu ! laisser mes amis ! que dis-tu ?
Tumulte et cris.
DONA SOL.
Ces clameurs
Me brisent.
Retenant Hernani.
Souviens-toi que si tu meurs, je meurs.
HERNANI, *la tenant embrassée.*
Un baiser !
DONA SOL.
Mon époux ! mon Hernani ! mon maître !...
HERNANI, *la baisant sur le front.*
Hélas ! c'est le premier !
DONA SOL.
C'est le dernier peut-être.
Il part. Elle tombe sur le banc.

ACTE TROISIÈME.

La galerie des portraits de la famille de Silva ; grande salle, dont ces portraits, entourés de riches broderies et surmontés de couronnes ducales et d'écussons dorés, font la décoration. Au fond, une haute porte gothique. Entre chaque portrait, une panoplie complète, toutes de siècles différents.

SCÈNE I.

DONA SOL, *blanche et debout près d'une table;*
DON RUY GOMEZ DE SILVA, *assis dans son grand fauteuil ducal en bois de chêne.*

DON RUY GOMEZ.
Enfin ! c'est aujourd'hui ! dans une heure, on sera
Ma duchesse ! plus d'oncle ! et l'on m'embrassera !
Mais m'as-tu pardonné ? j'avais tort. Je l'avoue.
J'ai fait rougir ton front, j'ai fait pâlir ta joue,
J'ai soupçonné trop vite, et je n'aurais point dû
Te condamner ainsi sans avoir entendu.
Que l'apparence a tort ! injustes que nous sommes !
Certe, ils étaient bien là, les deux beaux jeunes hom-
C'est égal. Je devais n'en pas croire mes yeux.[mes !
Mais que veux-tu, ma pauvre enfant ? quand on est
DONA SOL, *immobile et grave.* [vieux !
Vous reparlez toujours de cela. Qui vous blâme ?
DON RUY GOMEZ.
Moi ! j'eus tort. Je devais savoir qu'avec ton âme
On n'a point de galants, lorsqu'on est doña Sol,
Et qu'on a dans le cœur de bon sang espagnol !
DONA SOL.
Certe ! il est bon et pur, monseigneur, et peut-être
On le verra bientôt.
DON RUY GOMEZ, *se levant et allant à elle.*
Écoute. On n'est pas maître
De soi-même, amoureux comme je suis de toi,
Et vieux. On est jaloux, on est méchant ; pourquoi ?
Parce que l'on est vieux. Parce que beauté, grâce,
Jeunesse, dans autrui, tout fait peur, tout menace.

Parce qu'on est jaloux des autres, et honteux
De soi. Dérision ! Que cet amour boiteux
Qui nous remet au cœur tant d'ivresse et de flamme,
Ait oublié le corps en rajeunissant l'âme !
—Quand passe un jeune pâtre,—oui,c'en est là !—sou-
Tandis que nous allons, lui chantant, moi rêvant,[vent,
Lui dans son pré vert, moi dans mes noires allées,
Souvent je dis tout bas : — O mes tours crénelées,
Mon vieux donjon ducal, que je vous donnerais,
Oh ! que je donnerais mes blés et mes forêts,
Et les vastes troupeaux qui tondent mes collines,
Mon vieux nom, mon vieux titre, et toutes mes ruines,
Et tous mes vieux aïeux qui bientôt m'attendront,
Pour sa chaumière neuve et pour son jeune front ! —
Car ses cheveux sont noirs, car son œil reluit comme
Le tien, tu peux le voir, et dire : ce jeune homme !
Et puis, penser à moi qui suis vieux. Je le sais !
Pourtant j'ai nom Silva, mais ce n'est plus assez !
Oui, je me dis cela. Vois à quel point je t'aime.
Le tout, pour être jeune et beau, comme toi-même !
Mais à quoi vais-je ici rêver ? Moi, jeune et beau !
Qui te dois de si loin devancer au tombeau !
DONA SOL.
Qui sait ?
DON RUY GOMEZ.
Mais va, crois-moi, ces cavaliers frivoles
N'ont pas d'amour si grand qu'il ne s'use en paroles.
Qu'une fille aime et croie un de ces jouvenceaux,
Elle en meurt, il en rit. Tous ces jeunes oiseaux
A l'aile vive et peinte, au langoureux ramage,
Ont un amour qui mue ainsi que leur plumage.

Les vieux, dont l'âge éteint la voix et les couleurs,
Ont l'aile plus fidèle, et moins beaux, sont meilleurs.
Nous aimons bien.—Nos pas sont lourds? nos yeux ari-
Nos fronts ridés? Au cœur on n'a jamais de rides. [des?
Hélas! quand un vieillard aime, il faut l'épargner.
Le cœur est toujours jeune et peut toujours saigner.
Oh! mon amour n'est point comme un jouet de verre
Qui brille et tremble; oh non! c'est un amour sévère,
Profond, solide, sûr, paternel, amical,
De bois de chêne, ainsi que mon fauteuil ducal!
Voilà comme je t'aime, et puis je t'aime encore
De cent autres façons. Comme on aime l'aurore,
Comme on aime les fleurs, comme on aime les cieux!
De te voir tous les jours, toi, ton pas gracieux,
Ton front pur, le beau feu de ta fière prunelle,
Je ris, et j'ai dans l'âme une fête éternelle!
          DONA SOL.
Hélas!
          DON RUY GOMEZ.
         Et puis, vois-tu ? le monde trouve beau,
Lorsqu'un homme s'éteint, et lambeau par lambeau
S'en va, lorsqu'il trébuche au marbre de la tombe,
Qu'une femme, ange pur, innocente colombe,
Veille sur lui, l'abrite, et daigne encor souffrir
L'inutile vieillard qui n'est bon qu'à mourir!
C'est une œuvre sacrée et qu'à bon droit on loue
Que ce suprême effort d'un cœur qui se dévoue,
Qui console un mourant jusqu'à la fin du jour,
Et, sans aimer peut-être, a des semblants d'amour!
Oh! tu seras pour moi cet ange au cœur de femme
Qui du pauvre vieillard réjouit encor l'âme,
Et de ses derniers ans lui porte la moitié,
Fille par le respect et sœur par la pitié!
          DONA SOL.
Loin de me précéder, vous pourrez bien me suivre,
Monseigneur. Ce n'est pas une raison pour vivre
Que d'être jeune. Hélas! je vous le dis, souvent
Les vieillards sont tardifs, les jeunes vont devant!
Et leurs yeux brusquement referment leur paupière,
Comme un sépulcre ouvert dont retombe la pierre!
          DON RUY GOMEZ.
O les sombres discours! mais je vous gronderai,
Enfant! un pareil jour est joyeux et sacré.
Comment, à ce propos, quand l'heure nous appelle,
N'êtes-vous pas encor prête pour la chapelle?
Mais vite! habillez-vous. Je compte les instants.
La parure de noce!
          DONA SOL.
             Il sera toujours temps.
          DON RUY GOMEZ.
Non pas.
    Entre un page.
       Que veut Iaquez?
          LE PAGE.
                Monseigneur, à la porte
Un homme, un pèlerin, un mendiant, n'importe,
Est là qui vous demande asile.
          DON RUY GOMEZ.
                    Quel qu'il soit,
Le bonheur entre avec l'étranger qu'on reçoit,
Qu'il vienne.— Du dehors a-t-on quelques nouvelles?
Que dit-on de ce chef de bandits infidèles
Qui remplit nos forêts de sa rébellion ?
          LE PAGE.
C'en est fait d'Hernani. C'en est fait du lion
De la montagne.
     DONA SOL, à part.
       Dieu!
     DON RUY GOMEZ, au page.
        Quoi?
          LE PAGE.
             La troupe est détruite.
Le roi, dit-on, s'est mis lui-même à leur poursuite.
La tête d'Hernani vaut mille écus du roi

Pour l'instant; mais on dit qu'il est mort.
     DONA SOL, à part.
              Quoi, sans moi,
Hernani!
     DON RUY GOMEZ.
       Grâce au ciel! il est mort, le rebelle!
On peut se réjouir maintenant, chère belle.
Allez donc vous parer, mon amour, mon orgueil.
Aujourd'hui, double fête!
     DONA SOL, à part.
               Oh! des habits de deuil!
    Elle sort.
     DON RUY GOMEZ, au page.
Fais-lui vite porter l'écrin que je lui donne.
    Il se rassied dans son fauteuil.
Je veux la voir parée ainsi qu'une madone,
Et, grâce à ses doux yeux, et grâce à mon écrin,
Belle à faire à genoux tomber un pèlerin.
A propos, et celui qui nous demande un gîte!
Dis-lui d'entrer, fais-lui nos excuses, cours vite.
    Le page salue et sort.
Laisser son hôte attendre! ah! c'est mal!
    La porte du fond s'ouvre. Paraît Hernani déguisé en
    pèlerin. Le duc se lève.

SCÈNE II.

DON RUY GOMEZ, HERNANI *déguisé en pèlerin*.

    Hernani s'arrête sur le seuil de la porte.

          HERNANI.
              Monseigneur,
Paix et bonheur à vous!
     DON RUY GOMEZ, *le saluant de la main*.
              A toi paix et bonheur,
Mon hôte!
    Hernani entre. Le duc se rassied.
     —N'es-tu pas pèlerin?
          HERNANI, *s'inclinant*.
               Oui.
     DON RUY GOMEZ.
              Sans doute.
Tu viens d'Armillas?
          HERNANI.
       Non. J'ai pris une autre route.
     DON RUY GOMEZ.
          La troupe du banni,
N'est-ce pas?
          HERNANI.
    Je ne sais.
     DON RUY GOMEZ.
          Le chef, le Hernani,
Que devient-il? sais-tu?
          HERNANI.
       Seigneur, quel est cet homme?
     DON RUY GOMEZ.
Tu ne le connais pas? tant pis! la grosse somme
Ne sera point pour toi. Vois-tu? ce Hernani,
C'est un rebelle au roi, trop long-temps impuni.
Si tu vas à Madrid, tu le pourras voir pendre.
Je n'y vais pas.
     DON RUY GOMEZ.
       Sa tête est à qui veut la prendre.
          HERNANI, à part.
Qu'on y vienne!
     DON RUY GOMEZ.
       Où vas-tu, bon pèlerin?
          HERNANI.
              Seigneur,
Je vais à Sarragosse.

DON RUY GOMEZ.
Un vœu fait en l'honneur
D'un saint? de Notre-Dame?...
HERNANI.
Oui, duc, de Notre-Dame.
DON RUY GOMEZ.
Del Pilar?
HERNANI.
Del Pilar.
DON RUY GOMEZ.
Il faut n'avoir point d'âme
Pour ne point acquitter les vœux qu'on fait aux saints.
Mais, le tien accompli, n'as-tu d'autres desseins?
Voir le pilier, c'est là tout ce que tu désires?
HERNANI.
Oui, je veux voir brûler les flambeaux et les cires,
Voir Notre-Dame, au fond du sombre corridor,
Luire en sa châsse ardente avec sa chape d'or,
Et puis, m'en retourner.
DON RUY GOMEZ.
Fort bien. — Ton nom, mon frère?
Je suis Ruy de Silva.
HERNANI, *hésitant*.
Mon nom?...
DON RUY GOMEZ.
Tu peux le taire
Si tu veux. Nul n'a droit de le savoir ici.
Viens-tu pas demander asile?
HERNANI.
Oui, duc.
DON RUY GOMEZ.
Merci.
Sois le bienvenu? — Reste, ami, ne te fais faute
De rien. Quant à ton nom, tu te nommes mon hôte.
Qui que tu sois, c'est bien, et, sans être inquiet,
J'accueillerais Satan, si Dieu me l'envoyait.

La porte du fond s'ouvre à deux battants. Entre doña Sol, en parure de mariée. Derrière elle, pages, valets, et deux femmes portant sur un coussin de velours un coffret d'argent ciselé qu'elles vont déposer sur une table, et qui renferme un riche écrin, couronne de duchesse, bracelets, colliers, perles et brillants pêle-mêle. — Hernani, haletant et effaré, considère doña Sol avec des yeux ardents sans écouter le duc.

SCÈNE III.

LES MÊMES, DONA SOL, PAGES, VALETS, FEMMES.

DON RUY GOMEZ, *continuant*.
— Voici ma Notre-Dame, à moi. L'avoir priée
Te portera bonheur!
Il va présenter la main à doña Sol, toujours pâle et grave.
Ma belle mariée,
Venez! — Quoi, pas d'anneau! pas de couronne encor!
HERNANI, *d'une voix tonnante*.
Qui veut gagner ici mille carolus d'or!
Tous se retournent étonnés. Il déchire sa robe de pèlerin, la foule aux pieds, et en sort en costume de montagnard.
Je suis Hernani.
DONA SOL, *à part, avec joie*.
Ciel! vivant!
HERNANI, *aux valets*.
Je suis cet homme
Qu'on cherche!
Au duc.
Vous vouliez savoir si je me nomme
Perez ou Diego? — Non, je me nomme Hernani!
C'est un bien plus beau nom, c'est un nom de banni.
C'est un nom de proscrit! Vous voyez cette tête?
Elle vaut assez d'or pour payer votre fête!
Aux valets.
Je vous la donne à tous! vous serez bien payés!
Prenez! liez mes mains, liez mes pieds! liez!
Mais non, c'est inutile, une chaîne me lie
Que je ne romprai point!
DONA SOL, *à part*.
Malheureuse!
DON RUY GOMEZ.
Folie!
Çà, mon hôte est un fou!
HERNANI.
Votre hôte est un bandit!
DONA SOL.
Oh! ne l'écoutez pas!
HERNANI.
J'ai dit ce que j'ai dit.
DON RUY GOMEZ.
Mille carolus d'or! Monsieur, la somme est forte,
Et je ne suis pas sûr de tous mes gens!
HERNANI.
Qu'importe!
Tant mieux, si dans le nombre il s'en trouve un qui
[veut!
Aux valets.
Livrez-moi! vendez-moi!
DON RUY GOMEZ, *s'efforçant de le faire taire*.
Taisez-vous donc! on peut
Vous prendre au mot!
HERNANI.
Amis! l'occasion est belle!
Je vous dis que je suis le proscrit, le rebelle,
Hernani!
DON RUY GOMEZ.
Taisez-vous!
HERNANI.
Hernani!
DONA SOL, *d'une voix éteinte, à son oreille*.
Ho! tais-toi!
HERNANI, *se détournant à demi vers doña Sol*.
On se marie ici! Je veux en être, moi!
Mon épousée aussi m'attend!
Au duc.
Elle est moins belle
Que la vôtre, seigneur, mais n'est pas moins fidèle.
C'est la mort!
Aux valets.
Nul de vous ne fait un pas encor?
DONA SOL, *bas*.
Par pitié!
HERNANI, *aux valets*.
Hernani! mille carolus d'or!
DON RUY GOMEZ.
C'est le démon!
HERNANI, *à un jeune valet*.
Viens, toi! tu gagneras la somme.
Riche alors, de valet tu redeviendras homme!
Aux valets qui restent immobiles.
Vous aussi, vous tremblez! ai-je assez de malheur?
DON RUY GOMEZ.
Frère, à toucher ta tête ils risqueraient la leur!
Fusses-tu Hernani, fusses-tu cent fois pire,
Pour ta vie au lieu d'or offrit-on un empire,
Mon hôte! je te dois protéger en ce lieu
Même contre le roi, car je te tiens de Dieu!
S'il tombe un seul cheveu de ton front, que je meure!
À Doña Sol.
Ma nièce, vous serez ma femme dans une heure;
Rentrez chez vous. Je vais faire armer le château,
J'en vais fermer la porte.
Il sort. Les valets le suivent.

HERNANI, *regardant avec désespoir sa ceinture dégarnie et désarmée.*

Oh! pas même un couteau!

Doña Sol, après que le duc a disparu, fait quelques pas comme pour suivre ses femmes, puis s'arrête, et dès qu'elles sont sorties, revient vers Hernani avec anxiété.

SCÈNE IV.

HERNANI, DONA SOL.

Hernani considère avec un regard froid et comme inattentif l'écrin nuptial placé sur la table; puis il hoche la tête, et ses yeux s'allument.

HERNANI.
Je vous fais compliment!— Plus que je ne puis dire
La parure me charme, et m'enchante, — et j'admire!
 Il s'approche de l'écrin.
Là bague est de bon goût, — la couronne me plaît,—
Le collier est d'un beau travail,—le bracelet
Est rare,—mais cent fois, cent fois moins que la femme
Qui sous un front si pur cache ce cœur infâme!
 Examinant de nouveau le coffret.
Et qu'avez-vous donné pour tout cela?— Fort bien!
Un peu de votre amour? mais vraiment, c'est pour
 [rien!
Grand Dieu! trahir ainsi! n'avoir pas honte, et vivre!
 Examinant l'écrin.
—Mais peut-être après tout c'est perle fausse, et cuivre
Au lieu d'or, verre et plomb, diamants déloyaux,
Faux saphirs, faux bijoux, faux brillants, faux joyaux.
Ah! s'il en est ainsi, comme cette parure,
Ton cœur est faux, duchesse, et tu n'es que dorure!
 Il revient au coffret.
—Mais non, non. Tout est vrai, tout est bon, tout est
Il n'oserait tromper, lui qui touche au tombeau! [beau.
Rien n'y manque.
 Il prend l'une après l'autre toutes les pièces de l'écrin.
 Collier, brillants, pendants d'oreille,
Couronne de duchesse, anneau d'or..., — à merveille!
Grand merci de l'amour sûr, fidèle et profond!
Le précieux écrin!

DONA SOL.
 Elle va au coffret, y fouille, et en tire un poignard.
 Vous n'allez pas au fond. —
C'est le poignard qu'avec l'aide de ma patronne
Je pris au roi Carlos, lorsqu'il m'offrit un trône
Et que je refusai pour vous qui m'outragez!

HERNANI, *tombant à ses pieds.*
O! laisse qu'à genoux dans tes yeux affligés
J'efface tous ces pleurs amers et pleins de charmes!
Et tu prendras après tout mon sang pour tes larmes!

DONA SOL, *attendrie.*
Hernani! je vous aime et vous pardonne, et n'ai
Que de l'amour pour vous.

HERNANI.
 Elle m'a pardonné,
Et m'aime!— Qui pourra faire aussi que moi-même
Après ce que j'ai dit, je me pardonne et m'aime?
O! je voudrais savoir, ange au ciel réservé,
Où vous avez marché, pour baiser le pavé!

DONA SOL.
Ami!

HERNANI.
Non! je dois t'être odieux! mais, écoute.
Dis-moi : je t'aime!— Hélas! rassure ton cœur qui
Dis-le-moi! car souvent avec ce peu de mots [doute,
La bouche d'une femme a guéri bien des maux!

DONA SOL, *absorbée et sans l'entendre.*
Croire que mon amour eût si peu de mémoire!
Que jamais ils pourraient, tous ces hommes sans gloire;
Jusqu'à d'autres amours, plus nobles à leur gré,
Rapetisser un cœur où son nom est entré!

HERNANI.
Hélas! j'ai blasphémé! si j'étais à ta place,
Doña Sol, j'en aurais assez, je serais lasse
De ce fou furieux, de ce sombre insensé
Qui ne sait caresser qu'après qu'il a blessé.
Je lui dirais : va-t'en! — Repousse-moi, repousse!
Et je te bénirai, car tu fus bonne et douce,
Car tu m'as supporté trop long-temps, car je suis
Mauvais, je noircirais tes jours avec mes nuits!
Car c'en est trop enfin, ton âme est belle et haute
Et pure, et si je suis méchant, est-ce ta faute?
Épouse le vieux duc! il est bon, noble, il a
Par sa mère Olmedo, par son père Alcala.
Encore un coup, sois riche avec lui, sois heureuse!
Moi, sais-tu ce que peut cette main généreuse
T'offrir de magnifique? une dot de douleurs.
Tu pourras y choisir ou du sang ou des pleurs.
L'exil, les fers, la mort, l'effroi qui m'environne,
C'est là ton collier d'or, c'est ta belle couronne,
Et jamais à l'épouse un époux plein d'orgueil
N'offrit plus riche écrin de misère et de deuil!
Épouse le vieillard, te dis-je! il te mérite!
Eh! qui jamais croira que ma tête proscrite
Aille avec ton front pur? qui, nous voyant tous deux,
Toi, calme et belle; moi, violent, hasardeux,
Toi, paisible et croissant comme une fleur à l'ombre,
Moi, heurté dans l'orage à des écueils sans nombre,
Qui dira que nos sorts suivent la même loi?
Non. Dieu qui fait tout bien ne te fit pas pour moi.
Je n'ai nul droit du haut sur toi, je me résigne!
J'ai ton cœur, c'est un vol! je le rends au plus digne.
Jamais à nos amours le ciel n'a consenti.
Si j'ai dit que c'était ton destin, j'ai menti!
D'ailleurs, vengeance, amour, adieu! mon jour s'a-
Je m'en vais, inutile, avec mon double rêve, [chève.
Honteux de n'avoir pu ni punir, ni charmer,
Qu'on m'ait fait pour haïr, moi qui n'ai su qu'aimer!
Pardonne-moi! fuis-moi! ce sont mes deux prières.
Ne les rejette pas, car ce sont les dernières!
Tu vis, et je suis mort. Je ne vois pas pourquoi
Tu te ferais murer dans ma tombe avec moi!

DONA SOL.
Ingrat!

HERNANI.
 Monts d'Aragon! Galice! Estramadoure!—
Oh! je porte malheur à tout ce qui m'entoure!—
J'ai pris vos meilleurs fils; pour mes droits, sans re-
 [mords
Je les ai fait combattre, et voilà qu'ils sont morts!
C'étaient les plus vaillants de la vaillante Espagne!
Ils sont morts! ils sont tous tombés dans la montagne,
Tous sur le dos couchés, en braves, devant Dieu,
Et si leurs yeux s'ouvraient, ils verraient le ciel bleu!
Voilà ce que je fais de tout ce qui m'épouse!
Est-ce une destinée à te rendre jalouse?
Doña Sol, prends le duc, prends l'enfer, prends le roi!
C'est bien. Tout ce qui n'est pas moi, vaut mieux que
Je n'ai plus un ami qui de moi se souvienne, [moi!
Tout me quitte, il est temps qu'à la fin ton tour vienne,
Car je dois être seul. Fuis ma contagion.
Ne te fais pas d'aimer une religion!
Oh! par pitié pour toi, fuis! — Tu me crois peut-être
Un homme comme sont tous les autres, un être
Intelligent, qui court droit au but qu'il rêva.
Détrompe-toi. Je suis une force qui va!
Agent aveugle et sourd de mystères funèbres!
Une âme de malheur faite avec des ténèbres!
Où vais-je? je ne sais. Mais je me sens poussé
D'un souffle impétueux, d'un destin insensé.
Je descends, je descends, et jamais ne m'arrête.
Si parfois, haletant, j'ose tourner la tête,
Une voix me dit : Marche! et l'abîme est profond,
Et de flamme ou de sang je le vois rouge au fond!

Cependant, à l'entour de ma course farouche,
Tout se brise, tout meurt. Malheur à qui me touche!
Oh! fuis! détourne-toi de mon chemin fatal.
Hélas! sans le vouloir, je te ferais du mal!
> DONA SOL.

Grand Dieu!
> HERNANI.

C'est un démon redoutable, te dis-je,
Que le mien. Mon bonheur, voilà le seul prodige
Qui lui soit impossible. Et toi, c'est le bonheur!
Tu n'es donc pas pour moi! cherche un autre seigneur!
Va, si jamais le ciel à mon sort qu'il renie
Souriait... n'y crois pas! ce serait ironie.
Épouse le duc!
> DONA SOL.

Donc ce n'était pas assez!
Vous aviez déchiré mon cœur, vous le brisez.
Ah! vous ne m'aimez plus!
> HERNANI.

Oh! mon cœur et mon âme,
C'est toi! l'ardent foyer d'où me vient toute flamme,
C'est toi! ne m'en veux pas de fuir, être adoré!
> DONA SOL.

Je ne vous en veux pas. Seulement, j'en mourrai.
> HERNANI.

Mourir! pour qui? pour moi? se peut-il que tu meures
Pour si peu?
> DONA SOL, *laissant éclater ses larmes.*

Voilà tout.
> *Elle tombe sur un fauteuil.*
> HERNANI, *s'asseyant près d'elle.*

Oh! tu pleures! tu pleures!
Et c'est encor ma faute! et qui me punira?
Car tu pardonneras encor! Qui te dira
Ce que je souffre au moins, lorsqu'une larme noie
La flamme de tes yeux dont l'éclair est ma joie?
Oh! mes amis sont morts! oh! je suis insensé!
Pardonne. Je voudrais aimer, je ne le sai!
Hélas! j'aime pourtant d'une amour bien profonde!—
Ne pleure pas, mourons plutôt!— Que n'ai-je un [monde?
Je te le donnerais! Je suis bien malheureux!
> DONA SOL, *se jetant à son cou.*

Vous êtes mon lion superbe et généreux!
Je vous aime.
> HERNANI.

Oh! l'amour serait un bien suprême
Si l'on pouvait mourir de trop aimer!
> DONA SOL.

Je t'aime!
Monseigneur! Je vous aime et je suis toute à vous.
> HERNANI, *laissant tomber sa tête sur son épaule.*

Oh! qu'un coup de poignard de toi me serait doux!
> DONA SOL, *suppliante.*

Ah! ne craignez-vous pas que Dieu ne vous punisse
De parler de la sorte?
> HERNANI, *toujours appuyé sur son sein.*

Et bien! qu'il nous unisse!
Tu le veux. Qu'il en soit ainsi!— J'ai résisté!

Tous deux, dans les bras l'un de l'autre, se regardent avec extase, sans voir, sans entendre et comme absorbés dans leur regard.— Entre don Ruy Gomez par la porte du fond. Il regarde, et s'arrête comme pétrifié sur le seuil.

SCÈNE V.

HERNANI, DONA SOL, DON RUY GOMEZ.

DON RUY GOMEZ, *immobile et croisant les bras sur le seuil de la porte.*

Voilà donc le paîment de l'hospitalité!
> DONA SOL.

Dieu! le duc!
Tous deux se détournent comme réveillés en sursaut.

DON RUY GOMEZ, *toujours immobile.*

C'est donc là mon salaire, mon hôte!
— Bon seigneur, va-t'en voir si ta muraille est haute,
Si la porte est bien close et l'archer dans sa tour,
De ton château pour nous fais et refais le tour,
Cherche en ton arsenal une armure à ta taille,
Ressaie à soixante ans ton harnois de bataille,
Voici là loyauté dont nous patrons ta foi!
Tu fais cela pour nous, pour toi!
Saints du ciel!— J'ai vécu plus de soixante années,
J'ai rencontré parfois des âmes effrénées.
J'ai souvent, en tirant ma dague du fourreau,
Fait lever sur mes pas des gibiers de bourreau,
J'ai vu des assassins, des monnoyeurs, des traîtres,
De faux valets, à table empoisonnant leurs maîtres,
J'en ai vu qui mouraient sans croix et sans pater,
J'ai vu Sforce, j'ai vu Borgia, je vois Luther;
Mais je n'ai jamais vu perversité si haute
Qui n'eût craint le tonnerre en trahissant son hôte!
Ce n'est pas de mon temps.— Si noire trahison
Pétrifie un vieillard au seuil de sa maison,
Et fait que le vieux maître, en attendant qu'il tombe,
A l'air d'une statue à mettre sur sa tombe,
Maures et Castillans! quel est cet homme-ci?
Il lève les yeux et les promène sur les portraits qui entourent la salle.
O vous! tous les Silva, qui m'écoutez ici,
Pardon, si devant vous, pardon, si ma colère
Dit l'hospitalité mauvaise conseillère!
> HERNANI, *se levant.*

Duc...
> DON RUY GOMEZ.

Tais-toi!—
Il fait lentement trois pas dans la salle, et promène ses regards sur tous les portraits des Silva.
Morts sacrés! aïeux! hommes de fer!
Qui voyez ce qui vient du ciel et de l'enfer,
Dites-moi, messeigneurs, dites! quel est cet homme?
Ce n'est pas Hernani, c'est Judas qu'on le nomme!
Oh! tâchez de parler pour me dire son nom!
Croisant les bras.
Avez-vous de vos jours vu rien de pareil? non!
> HERNANI.

Seigneur duc...
> DON RUY GOMEZ, *toujours aux portraits.*

Voyez-vous? il veut parler, l'infâme!
Mais, mieux encor que moi, vous lisez dans son âme.
Oh! ne l'écoutez pas! c'est un fourbe! Il prévoit
Que mon bras va sans doute ensanglanter mon toit,
Que peut-être mon cœur couve dans ses tempêtes
Quelque vengeance, sœur du festin des Sept Têtes,
Il vous dira qu'il est proscrit, il vous dira
Qu'on va dire Silva comme l'on dit Lara,
Et puis qu'il est mon hôte, et puis qu'il est votre hôte...
Mes aïeux, mes seigneurs, voyez, est-ce ma faute?
Jugez entre nous deux!
> HERNANI.

Ruy Gomez de Silva,
Si jamais vers le ciel noble front s'éleva,
Si jamais cœur fut grand, si jamais âme haute,
C'est la vôtre, seigneur! c'est la tienne, ô mon hôte!
Moi qui te parle ici, je suis coupable, et n'ai
Rien à dire, sinon que je suis bien damné.
Oui, j'ai voulu te prendre et t'enlever ta femme,
Oui! j'ai voulu souiller ton lit, oui, c'est infâme!
J'ai du sang. Tu feras très-bien de le verser,
D'essuyer ton épée et de n'y plus penser!
> DONA SOL.

Seigneur, ce n'est pas lui! ne frappez que moi-même!
> HERNANI.

Taisez-vous, doña Sol. Car cette heure est suprême!
Cette heure m'appartient. Je n'ai plus qu'elle. Ainsi
Laissez-moi m'expliquer avec le duc ici.
Duc!— crois aux derniers mots de ma bouche, j'en jure,

Je suis coupable, mais sois tranquille,—elle est pure !
C'est là tout. Moi coupable, elle pure ; ta foi
Pour elle,—un coup d'épée ou de poignard pour moi.
Voilà. — Puis fais jeter le cadavre à la porte
Et laver le plancher, si tu veux, il n'importe !
DONA SOL.
Ah ! moi seule ai tout fait. Car je l'aime.
Don Ruy se détourne à ce mot en tressaillant, et fixe sur doña Sol un regard terrible. Elle se jette à ses genoux.
Oui, pardon !
Je l'aime, monseigneur !
DON RUY GOMEZ.
Vous l'aimez !
A Hernani.
Tremble donc !
Bruit de trompettes au dehors. — Entre le page.
Au page.
Qu'est ce bruit ?
LE PAGE.
C'est le roi, monseigneur, en personne,
Avec un gros d'archers et son hérault qui sonne.
DONA SOL.
Dieu ! le roi ! dernier coup !
LE PAGE, *au duc.*
Il demande pourquoi
La porte est close, et veut qu'on ouvre.
DON RUY GOMEZ.
Ouvrez au roi.
Le page s'incline et sort.
DOÑA SOL.
Il est perdu.
Don Ruy Gomez va à l'un des tableaux, qui est son propre portrait et le dernier à gauche, il presse un ressort, le portrait s'ouvre comme une porte, et laisse voir une cachette pratiquée dans le mur. — Il se tourne vers Hernani.
DON RUY GOMEZ.
Monsieur, venez ici.
HERNANI.
Ma tête
Est à toi. Livre-la, seigneur. Je la tiens prête,
Je suis ton prisonnier.
Il entre dans la cachette. Don Ruy presse de nouveau le ressort, tout se referme et le portrait revient à sa place.
DOÑA SOL, *au duc.*
Seigneur, pitié pour lui !
LE PAGE, *entrant.*
Son altesse le roi !
Doña Sol baisse précipitamment son voile. — La porte s'ouvre à deux battants. Entre don Carlos, en habit de guerre, suivi d'une foule de gentilshommes également armés, de pertuisaniers, d'arquebusiers, d'arbalétriers.

SCÈNE VI.

DON RUY GOMEZ ; DONA SOL, *voilée*; DON CARLOS; SUITE.

Don Carlos s'avance à pas lents, la main gauche sur le pommeau de son épée, la droite dans sa poitrine, et fixe sur le vieux duc un œil de défiance et de colère. Le duc va au-devant du roi, et le salue profondément. — Silence. — Attente et terreur à l'entour. Enfin le roi, arrivé en face du duc, lève brusquement la tête.

DON CARLOS.
D'où vient donc aujourd'hui,
Mon cousin, que ta porte est si bien verrouillée ?
Par les saints ! je croyais ta dague plus rouillée !
Et je ne savais pas qu'elle eût hâte à ce point,
Quand nous te venons voir, de reluire à ton poing !
Don Ruy Gomez veut parler, le roi poursuit avec un geste impérieux.
C'est s'y prendre un peu tard pour faire le jeune hom-
[me
Avons-nous des turbans ? serait-ce qu'on me nomme
Boabdil ou Mahom, et non Carlos, répond !
Pour nous baisser la herse et nous lever le pont ?
DON RUY GOMEZ, *s'inclinant.*
Seigneur...
DON CARLOS, *à ses gentilshommes.*
Prenez les clefs, saisissez-vous des portes !
Deux officiers sortent. Plusieurs autres rangent les soldats en triple haie, dans la salle du roi à la grande porte. Don Carlos se retourne vers le duc.
Ah ! vous réveillez donc les rébellions mortes !
Pardieu, si vous prenez de ces airs avec moi,
Messieurs les ducs, le roi prendra des airs de roi !
Et j'irai par les monts, de mes mains aguerries,
Dans leurs nids crénelés tuer les seigneuries !
DON RUY GOMEZ, *se redressant.*
Altesse, les Silva sont loyaux...
DON CARLOS, *l'interrompant.*
Sans détours,
Réponds, duc ! où je fais raser tes onze tours !
De l'incendie éteint il reste une étincelle,
Des bandits morts, il reste un chef. — Qui le recèle ?
C'est toi ! Ce Hernani, rebelle empoisonneur,
Ici, dans ton château, tu le caches !
DON RUY GOMEZ.
Seigneur,
C'est vrai.
DON CARLOS.
Fort bien. Je veux sa tête,—ou bien la tienne.
Entends-tu, mon cousin ?
DON RUY GOMEZ, *s'inclinant.*
Mais qu'à cela ne tienne !...
Vous serez satisfait.
Doña Sol cache sa tête dans ses mains et tombe sur le fauteuil.
DON CARLOS, *radouci.*
Ah ! tu t'amendes ! — Va
Chercher mon prisonnier !
Le duc croise les bras, baisse la tête et reste quelques moments rêveur. Le roi et doña Sol l'observent en silence et agités d'émotions contraires. Enfin le duc relève son front, va au roi, lui prend la main et le mène à pas lents devant le plus ancien des portraits, celui qui commence la galerie à droite du spectateur.
DON RUY GOMEZ, *montrant au roi le vieux portrait.*
Celui-ci, des Silva
C'est l'aîné, c'est l'aïeul, l'ancêtre, le grand homme !
Don Silvius, qui fut trois fois consul de Rome.
Passant au portrait suivant.
Voici don Galceran de Silva, l'autre Cid !
On lui garde à Toro, près de Valladolid,
Une châsse dorée où brûlent mille cierges.
Il affranchit Léon du tribut des cent vierges !
Passant à un autre.
— Don Blas, — qui de lui-même et dans sa bonne foi,
S'exila pour avoir mal conseillé le roi.
A un autre.
— Christoval ! — Au combat d'Escalona, don Sanche,
Le roi, fuyait à pied, et sur sa plume blanche
Tous les coups s'acharnaient, il cria : Christoval !
Christoval prit la plume et donna son cheval.
A un autre.
— Don Jorge, qui paya la rançon de Ramire,
Roi d'Aragon.
DON CARLOS, *croisant les bras et le regardant de la tête aux pieds.*
Pardieu ! don Ruy ! je vous admire !
Continuez !
DON RUY GOMEZ, *passant à un autre.*
Voici Ruy Gomez de Silva,
Grand-maître de Saint-Jacque et de Calatrava.
Son armure géante irait mal à nos tailles ;
Il prit trois cents drapeaux, gagna trente batailles,

Conquit au roi Motril, Antequera, Suez,
Nijar, et mourut pauvre. — Altesse, saluez.
Il s'incline, se découvre et passe à un autre.—Le roi l'écoute avec une impatience et une colère toujours croissante.
Près de lui, Gil son fils, cher aux âmes loyales.
Sa main pour un serment valait les mains royales.
A un autre.
— Don-Gaspar, de Mendoce et de Silva l'honneur !
Toute noble maison tient à Silva, seigneur.
Sandoval tour à tour nous craint ou nous épouse.
Manrique nous envie et Lara nous jalouse.
Alencastre nous hait. Nous touchons à la fois
Du pied à tous les ducs, du front à tous les rois !

DON CARLOS.
Vous raillez-vous ?...

DON RUY GOMEZ, *allant à d'autres portraits.*
Voilà don Vasquez, dit le Sage.
Don Jayme, dit le Fort. Un jour, sur son passage,
Il arrêta Zamet et cent Maures tout seul. —
J'en passe, et des meilleurs. —
Sur un geste de colère du roi, il passe un grand nombre de tableaux, et vient tout de suite aux trois derniers portraits à gauche du spectateur.
Voici mon noble aïeul.
Il vécut soixante ans, gardant la foi jurée,
Même aux juifs. —
A l'avant-dernier.
Ce vieillard, cette tête sacrée,
C'est mon père. Il fut grand, quoiqu'il vînt le dernier.
Les Maures de Grenade avaient fait prisonnier
Le comte Alvar Giron, son ami. Mais mon père
Prit pour l'aller chercher six cents hommes de guerre ;
Il fit tailler en pierre un comte Alvar Giron
Qu'à sa suite il traîna, jurant par son patron
De ne point reculer que le comte de pierre
Ne tournât front lui-même et n'allât en arrière.
Il combattit, puis vint au comte, et le sauva.

DON CARLOS.
Mon prisonnier !

DON RUY GOMEZ.
C'était un Gomez de Silva !
Voilà donc ce qu'on dit quand dans cette demeure
On voit tout ces héros.

DON CARLOS.
Mon prisonnier sur l'heure !

DON RUY GOMEZ.
Il s'incline profondément devant le roi, lui prend la main et le mène devant le dernier portrait, celui qui sert de porte à la cachette où il a fait entrer Hernani. Doña Sol le suit des yeux avec anxiété. — Attente et silence dans l'assistance.
Ce portrait, c'est le mien. — Roi don Carlos, merci ! —
Car vous voulez qu'on dise, en le voyant ici :
« Ce dernier, digne fils d'une race si haute,
» Fut un traître et vendit la tête de son hôte ! »
Joie de doña Sol. Mouvement de stupeur dans les assistants. — Le roi déconcerté s'éloigne avec colère, puis reste quelques instants silencieux, les lèvres tremblantes et l'œil enflammé.

DON CARLOS.
Duc, ton château me gêne et je le mettrai bas !

DON RUY GOMEZ.
Car vous me la paîriez, altesse ! n'est-ce pas ?

DON CARLOS.
Duc, j'en ferai raser les tours pour tant d'audace,
Et je ferai semer du chanvre sur la place !

DON RUY GOMEZ.
Mieux voir croître du chanvre où ma tour s'éleva
Qu'une tache ronger le vieux nom de Silva.
Aux portraits.
N'est-il pas vrai, vous tous ?

DON CARLOS.
Duc ! cette tête est nôtre,
Et tu m'avais promis ...

DON RUY GOMEZ.
J'ai promis l'une ou l'autre.
Aux portraits.
N'est-il pas vrai, vous tous ?
Montrant sa tête.
Je donne celle-ci.
Au roi.
Prenez-la.

DON CARLOS.
Duc, fort bien. Mais j'y perds, grand merci !
La tête qu'il me faut est jeune, il faut que morte
On la prenne aux cheveux. La tienne ! que m'importe !
Le bourreau la prendrait par les cheveux en vain.
Tu n'en as pas assez pour lui remplir la main !

DON RUY GOMEZ.
Altesse, pas d'affront ! Ma tête encore est belle,
Et vaut bien, que je crois, la tête d'un rebelle.
La tête d'un Silva, vous êtes dégoûté !

DON CARLOS.
Livre-nous Hernani !

DON RUY GOMEZ.
Seigneur, en vérité,
J'ai dit.

DON CARLOS, *à sa suite.*
Fouillez partout ! et qu'il ne soit point d'aile,
De cave, ni de tour...

DON RUY GOMEZ.
Mon donjon est fidèle
Comme moi. Seul il sait le secret avec moi.
Nous le garderons bien tous deux.

DON CARLOS.
Je suis le roi !

DON RUY GOMEZ.
Hors que de mon château, démoli pierre à pierre,
On ne fasse ma tombe, on n'aura rien.

DON CARLOS.
Prière,
Menace, tout est vain ! — Livre-moi le bandit,
Duc, ou, tête et château, j'abattrai tout !

DON RUY GOMEZ.
J'ai dit.

DON CARLOS.
Hé bien donc ! au lieu d'une alors j'aurai deux têtes.
Au duc d'Alcala.
Jorge ! arrêtez le duc !

DOÑA SOL, *arrachant son voile et se jetant entre le roi, le duc et les gardes.*
Roi don Carlos, vous êtes
Un mauvais roi !

DON CARLOS.
Grand Dieu ! que vois-je ? doña Sol !

DOÑA SOL.
Altesse, tu n'as pas le cœur d'un Espagnol !

DON CARLOS, *troublé.*
Madame, pour le roi vous êtes bien sévère.
Il s'approche de doña Sol.
Bas.
C'est vous qui m'avez mis au cœur cette colère !
Un homme devient ange ou monstre en vous touchant.
Ah ! quand on est haï, que vite on est méchant !
Si vous aviez voulu, peut-être, ô jeune fille,
J'étais grand, j'eusse été le lion de Castille ;
Vous m'en faites le tigre avec votre courroux.
Le voilà qui rugit, madame ! taisez-vous !
Doña Sol lui jette un regard. Il s'incline.
Pourtant, j'obéirai.
Se tournant vers le duc.
Mon cousin, je t'estime.
Ton scrupule, après tout, peut sembler légitime.
Sois fidèle à ton hôte, infidèle à ton roi,
C'est bien. — Je te fais grâce et suis meilleur que toi.
— J'emmène seulement ta nièce comme otage.

DON RUY GOMEZ.
Seulement !

DONA SOL, *interdite.*
Moi, seigneur !
DON CARLOS.
Oui, vous !
DON RUY GOMEZ.
Pas davantage !
O la grande clémence ! ô généreux vainqueur
Qui ménage la tête et torture le cœur !
Belle grâce !
DON CARLOS.
Choisis. — Doña Sol, ou le traître.
Il me faut l'un des deux.
DON RUY GOMEZ.
Oh ! vous êtes le maître !
Don Carlos s'approche de doña Sol pour l'emmener.
Elle se réfugie vers don Ruy Gomez.
DONA SOL.
Sauvez-moi ; monseigneur !...
Elle s'arrête. — A part.
Malheureuse ! Il le faut !
La tête de mon oncle ou l'autre !... moi plutôt !
Au roi.
Je vous suis !
DON CARLOS, *à part.*
Par les saints, l'idée est triomphante !
Il faudra bien enfin s'adoucir, mon infante !
Doña Sol va d'un pas grave et assuré au coffret qui
renferme l'écrin, l'ouvre et y prend le poignard qu'elle
cache dans son sein. Don Carlos vient à elle et lui
présente la main.
DON CARLOS, *à doña Sol.*
Qu'emportez-vous là ?
DONA SOL.
Rien.
DON CARLOS.
Un joyau précieux ?
DONA SOL.
Oui.
DON CARLOS, *souriant.*
Voyons.
DONA SOL.
Vous verrez.
Elle lui donne la main et se dispose à le suivre. — Don
Ruy Gomez, qui est resté immobile et profondément
absorbé dans sa pensée, se retourne et fait quelques
pas en criant,
DON RUY GOMEZ.
Doña Sol ! terre et cieux !
Doña Sol ! — Puisque l'homme ici n'a point d'entrail-
A mon aide, croulez ! armures et murailles !   [les,
Il court au roi.
Laisse-moi mon enfant ! je n'ai qu'elle, ô mon roi !
DON CARLOS, *lâchant la main de doña Sol.*
Alors, mon prisonnier !
Le duc baisse la tête et semble en proie à une horrible
hésitation, puis il se relève et regarde les portraits
en joignant les mains vers eux.
DON RUY GOMEZ.
Ayez pitié de moi,
Vous tous ! —
Il fait un pas vers la cachette; doña Sol le suit des yeux
avec anxiété. Il se retourne vers les portraits.
Oh ! voilez-vous ! votre regard m'arrête !
Il s'avance en chancelant jusqu'à son portrait, puis se
retourne encore vers le roi.
Tu le veux ?
DON CARLOS.
Oui.
Le duc lève en tremblant la main vers le ressort.
DONA SOL.
Dieu !
DON RUY GOMEZ.
Non !
Il se jette aux genoux du roi.
Par pitié, prends ma tête !

DON CARLOS.
Ta nièce !
DON RUY GOMEZ, *se relevant.*
Prends-la donc ! et laisse-moi l'honneur !
DON CARLOS, *saisissant la main de doña Sol trem-
blante.*
Adieu, duc.
DON RUY GOMEZ.
Au revoir. —
Il suit de l'œil le roi qui se retire lentement avec doña
Sol, puis il met la main sur son poignard.
Dieu vous garde, seigneur !
Il revient sur le devant du théâtre, haletant, immobile,
sans plus rien voir ni entendre, l'œil fixe, les bras
croisés sur sa poitrine qui les soulève comme par des
mouvements convulsifs. Cependant le roi sort avec
doña Sol, et toute la suite de seigneurs sort après
lui, deux à deux, gravement, et chacun à son rang.
Ils se parlent à voix basse entre eux.
DON RUY GOMEZ, *à part.*
Roi, pendant que tu sors joyeux de ma demeure,
Ma vieille loyauté sort de mon cœur qui pleure !
Il lève les yeux, les promène autour de lui, et voit qu'il
est seul. Il court à la muraille, détache deux épées
d'une panoplie, les mesure toutes deux, puis les dé-
pose sur une table. Cela fait, il va au portrait, pousse
le ressort, la porte cachée se rouvre,

SCÈNE VII.

DON RUY GOMEZ, HERNANI.

DON RUY GOMEZ.
Sors.
Hernani paraît à la porte de la cachette. Don Ruy lui
montre les deux épées sur la table.
—Choisis.—Don Carlos est hors de la maison.
Il s'agit maintenant de me rendre raison.
Choisis ! — et faisons vite. — Allons donc ! ta main
HERNANI.   [tremble !
Un duel ! nous ne pouvons, vieillard, combattre en-
DON RUY GOMEZ.   [semble !
Pourquoi donc ? as-tu peur ? n'es-tu point noble ? enfer !
Noble ou non ! pour croiser le fer avec le fer,
Tout homme qui m'outrage est assez gentilhomme !
HERNANI.
Vieillard...
DON RUY GOMEZ.
Viens me tuer ou viens mourir, jeune homme !
HERNANI.
Mourir, oui.—Vous m'avez sauvé, malgré mes vœux.
Donc ma vie est à vous. Reprenez-la.
DON RUY GOMEZ.
Tu veux ?
Aux portraits.
Vous voyez qu'il le veut.
A Hernani.
C'est bon. Fais ta prière.
HERNANI.
Oh ! c'est à toi, seigneur, que je fais la dernière !
DON RUY GOMEZ.
Parle à l'autre seigneur !
HERNANI.
Non, non, à toi ! — Vieillard,
Frappe-moi. Tout m'est bon, dague, épée, ou poignard !
Mais fais-moi, par pitié, cette suprême joie !
Duc ! avant de mourir permets que je la voie !
DON RUY GOMEZ.
La voir !
HERNANI.
Au moins permets que j'entende sa voix
Une dernière fois ! rien qu'une seule fois !
DON RUY GOMEZ
L'entendre !

HERNANI.
Oh ! je comprends, seigneur, ta jalousie.
Mais déjà par la mort ma jeunesse est saisie,
Pardonne-moi. Veux-tu, dis-moi, que, sans la voir,
S'il le faut, je l'entende ? et je mourrai ce soir.
L'entendre seulement ! contente mon envie !
Mais, ô qu'avec douceur j'exhalerais ma vie
Si tu daignais vouloir qu'avant de fuir aux cieux
Mon âme allât revoir la sienne dans ses yeux !
— Je ne lui dirai rien, tu seras là, mon père !
Tu me prendras après !
DON RUY GOMEZ, *montrant la cachette encore ouverte.*
Saints du ciel ! ce repaire
Est-il donc si profond, si sourd et si perdu,
Qu'il n'ait entendu rien ?
HERNANI.
Je n'ai rien entendu.
DON RUY GOMEZ.
Il a fallu livrer doña Sol ou toi-même.
HERNANI.
A qui, livrée ?
DON RUY GOMEZ.
Au roi.
HERNANI.
Vieillard stupide ! il l'aime !
DON RUY GOMEZ.
Il l'aime !
HERNANI.
Il nous l'enlève ! il est notre rival !
DON RUY GOMEZ.
O malédiction ! — Mes vassaux ! à cheval !
A cheval ! poursuivons le ravisseur !
HERNANI.
Écoute,
La vengeance au pied sûr fait moins de bruit en route.
Je t'appartiens. Tu peux me tuer. Mais veux-tu
M'employer à venger ta nièce et sa vertu ?
Ma part dans ta vengeance ! oh ! fais-moi cette grâce,
Et s'il faut embrasser tes pieds, je les embrasse !
Suivons le roi tous deux ! Viens ; je serai ton bras,
Je te vengerai, duc. — Après, tu me tueras.
DON RUY GOMEZ.
Alors, comme aujourd'hui, te laisseras-tu faire ?
HERNANI.
Oui, duc.
DON RUY GOMEZ.
Qu'en jures-tu ?
HERNANI.
La tête de mon père.
DON RUY GOMEZ.
Voudras-tu de toi-même un jour t'en souvenir ?
HERNANI, *lui présentant le cor qu'il ôte de sa ceinture.*
Écoute, prends ce cor. Quoi qu'il puisse advenir,
Quand tu voudras, seigneur, quel que soit le lieu,
[l'heure,
S'il te passe à l'esprit qu'il est temps que je meure,
Viens, sonne de ce cor, et ne prends d'autres soins ;
Tout sera fait.
DON RUY GOMEZ, *lui tendant la main.*
Ta main ?
Ils se serrent la main. — *Aux portraits.*
Vous tous, soyez témoins.

ACTE QUATRIÈME.

Les caveaux qui renferment le tombeau de Charlemagne, à Aix-la-Chapelle. De grandes voûtes d'architecture lombarde. Gros piliers bas, pleins-cintres, chapiteaux d'oiseaux et de fleurs. — A droite, le tombeau de Charlemagne, avec une petite porte de bronze, basse et cintrée. Une seule lampe, suspendue à une clef de voûte, en éclaire l'inscription : KAROLVS MAGNVS. — Il est nuit. On ne voit pas le fond du souterrain ; l'œil se perd dans les arcades, les escaliers et les piliers qui s'entre-croisent dans l'ombre.

SCÈNE I.

DON CARLOS ; DON RICARDO DE ROXAS,
COMTE DE CASAPALMA, *une lanterne à la main.*
Grands manteaux, chapeaux rabattus.

DON RICARDO, *son chapeau à la main.*
C'est ici.
DON CARLOS.
C'est ici que la ligue s'assemble !
Que je vais dans ma main les tenir tous ensemble !
— Ha ! monsieur l'électeur de Trèves, c'est ici !
Vous lui prêtez ce lieu ! certe, il est bien choisi !
Un noir complot prospère à l'air des catacombes.
Il est bon d'aiguiser les stylets sur des tombes.
Pourtant, c'est jouer gros. La tête est de l'enjeu,
Messieurs les assassins ! et nous verrons. — Pardieu !
Ils font bien de choisir pour une telle affaire
Un sépulcre, — ils auront moins de chemin à faire !
A don Ricardo.
Ces caveaux sous le sol s'étendent-ils bien loin ?
DON RICARDO.
Jusques au château-fort.
DON CARLOS.
C'est plus qu'il n'est besoin.
DON RICARDO.
D'autres, de ce côté, vont jusqu'au monastère
D'Altenheim...
DON CARLOS.
Où Rodolphe extermina Lothaire.
Bien. — Une fois encor, comte, redites-moi
Les noms et les griefs, où, comment, et pourquoi.
DON RICARDO.
Gotha.
DON CARLOS.
Je sais pourquoi le brave duc conspire.
Il veut un Allemand d'Allemagne à l'empire.
DON RICARDO.
Hohenbourg.
DON CARLOS.
Hohenbourg aimerait mieux, je croi,
L'enfer avec François que le ciel avec moi.
DON RICARDO.
Don Gil Tellez Giron.
DON CARLOS.
Castille et Notre-Dame !
Il se révolte donc contre son roi, l'infâme !
DON RICARDO.
On dit qu'il vous trouva chez madame Giron
Un soir que vous veniez de le faire baron.
Il veut venger l'honneur de sa tendre compagne.
DON CARLOS.
C'est donc qu'il se révolte alors contre l'Espagne.
Qui nomme-t-on encore ?
DON RICARDO.
On cite avec ceux-là

2.

Le révérend Vasquez, évêque d'Avila.
DON CARLOS.
Est-ce aussi pour venger la vertu de sa femme?
DON RICARDO.
Puis Guzman de Lara, mécontent, qui réclame
Le collier de votre ordre.
DON CARLOS.
Ah! Guzman de Lara!
Si ce n'est qu'un collier qu'il lui faut, il l'aura.
DON RICARDO.
Le duc de Lutzelbourg. — Quant aux plans qu'on lui
DON CARLOS [prête...
Le duc de Lutzelbourg est trop grand de la tête.
DON RICARDO.
Juan de Haro, qui veut Astorga.
DON CARLOS.
Ces Haro
Ont toujours fait doubler la solde du bourreau.
DON RICARDO.
C'est tout.
DON CARLOS.
Ce ne sont pas toutes mes têtes. Comte,
Cela ne fait que sept, et je n'ai pas mon compte.
DON RICARDO.
Ah! je ne nomme pas quelques bandits gagés
Par Trêve ou par la France...
DON CARLOS.
Hommes sans préjugés
Dont le poignard, toujours prêt à jouer son rôle,
Tourne aux plus gros écus, comme l'aiguille au pôle!
DON RICARDO.
Pourtant j'ai distingué deux hardis compagnons,
Tous deux nouveaux venus, un jeune, un vieux...
DON CARLOS.
Leurs noms?
Don Ricardo lève les épaules en signe d'ignorance.
Leur âge?
DON RICARDO.
Le plus jeune a vingt ans.
DON CARLOS.
C'est dommage.
DON RICARDO.
Le vieux, soixante au moins.
DON CARLOS.
L'un n'a pas encor l'âge
Et l'autre ne l'a plus. Tant pis. J'en prendrai soin.
Le bourreau peut compter sur mon aide au besoin.
Ah! loin que mon épée aux factions soit douce,
Je la lui prêterai si sa hache s'émousse,
Comte! et pour l'élargir, je coudrai, s'il le faut,
Ma pourpre impériale au drap de l'échafaud.
— Mais serai-je empereur seulement?
DON RICARDO.
Le collège,
A cette heure assemblé, délibère.
DON CARLOS.
Que sais-je?
Ils nommeront François Premier, ou leur Saxon,
Leur Frédéric-le-Sage! — Oh! Luther a raison,
Tout va mal! — Beaux faiseurs de majestés sacrées!
N'acceptant pour raisons que les raisons dorées!
Un Saxon hérétique! un comte Palatin
Imbécile! un primat de Trèves libertin! [princes
— Quant au roi de Bohême, il est pour moi. — Des
De Hesse, plus petits encor que leurs provinces!
De jeunes idiots! des vieillards débauchés!
Des couronnes, fort bien! mais des têtes?... cherchez!
Des nains! que je pourrais, concile ridicule,
Dans ma peau de lion emporter comme Hercule!
Et qui, démaillotés du manteau violet,
Auraient la tête encor de moins que Triboulet! [que!
— Il me manque trois voix, Ricardo! tout me man-
Oh! je donnerais Gand, Tolède et Salamanque,

Mon ami Ricardo, trois villes à leur choix, [voix,
Pour trois voix, s'ils voulaient! vois-tu, pour ces trois
Oui, trois de mes cités de Castille ou de Flandre,
Je les donnerais! — sauf, plus tard, à les reprendre!
Don Ricardo salue profondément le roi et met son chapeau sur sa tête.
— Vous vous couvrez?
DON RICARDO.
Seigneur, vous m'avez tutoyé,
Saluant de nouveau.
Me voilà grand d'Espagne.
DON CARLOS, à part.
Ah! tu me fais pitié!
Ambitieux de rien! — Engeance intéressée!
Comme à travers la nôtre ils suivent leur pensée!
Basse cour où le roi, mendié sans pudeur,
A tous ces affamés émiette la grandeur!
Rêvant.
Dieu seul et l'empereur sont grands! — et le saint-
Le reste!... rois et ducs! qu'est cela? [père!
DON RICARDO.
Moi, j'espère
Qu'ils prendront votre altesse.
DON CARLOS, à part.
Altesse! altesse, moi!
J'ai du malheur en tout. — S'il fallait rester roi!
DON RICARDO, à part.
Baste! empereur ou non, me voilà grand d'Espagne.
DON CARLOS.
Sitôt qu'ils auront fait l'empereur d'Allemagne,
Quel signal à la ville annoncera son nom?
DON RICARDO.
Si c'est le duc de Saxe, un seul coup de canon.
Deux, si c'est le Français. Trois, si c'est votre altesse.
DON CARLOS.
Et cette doña Sol!... Tout m'irrite et me blesse!
Comte, si je suis fait empereur, par hasard,
Cours la chercher. — Peut-être on voudra d'un césar!...
DON RICARDO, souriant.
Votre altesse est bien bonne!...
DON CARLOS, l'interrompant avec hauteur.
Ha! là-dessus, silence!
Je n'ai point dit encor ce que je veux qu'on pense.
— Quand saura-t-on le nom de l'élu?
DON RICARDO.
Mais, je crois,
Dans une heure, au plus tard.
DON CARLOS.
Oh! trois voix! rien que trois!
— Mais écrasons d'abord ce ramas qui conspire,
Et nous verrons après à qui sera l'empire.
Il compte sur ses doigts et frappe du pied.
Toujours trois voix de moins! — Ah! ce sont eux qui
[l'ont!
— Ce Corneille Agrippa pourtant en sait bien long!
Dans l'océan céleste, il a vu treize étoiles
Vers la mienne, du Nord, venir à pleines voiles. —
J'aurai l'empire! allons. — Mais d'autre part on dit
Que l'abbé Jean Tritême à François l'a prédit.
J'aurais dû, pour mieux voir ma fortune éclaircie,
Avec quelque armement aider la prophétie!
Toutes prédictions du sorcier le plus fin,
Viennent bien mieux à terme et font meilleure fin
Quand une bonne armée, avec canons et piques,
Gens de pied, de cheval, fanfares et musiques,
Prête à montrer la route au sort qui veut broncher,
Leur sert de sage-femme et les fait accoucher.
Lequel vaut mieux, Corneille Agrippa? Jean Tritême?
Celui dont une armée explique le système,
Qui met un fer de lance au bout de ce qu'il dit,
Et compte maint soudard, lansquenet ou bandit
Dont l'estoc, refaisant la fortune imparfaite,
Taille l'événement au plaisir du prophète. [droit
— Pauvres fous! qui, l'œil fier, le front haut, visent

A l'empire du monde et disent : j'ai mon droit!
Ils ont force canons, rangés en longues files,
Dont le souffle embrasé ferait fondre des villes,
Ils ont vaisseaux, soldats, chevaux, et vous croyez
Qu'ils vont marcher au but sur les peuples broyés...
Baste! au grand carrefour de la fortune humaine
Qui mieux encor qu'au trône à l'abîme nous mène,
A peine ils font trois pas, qu'indécis, incertains,
Tâchant en vain de lire au livre des destins,
Ils hésitent, peu sûrs d'eux-même, et dans le doute
Au nécroman du coin vont demander leur route!
  A don Ricardo.
—Va-t'en. C'est l'heure où vont venir les conjurés.
Ah! la clef du tombeau!
  DON RICARDO, *remettant une clef au roi.*
              Seigneur, vous songerez
Au comte de Limbourg, gardien capitulaire,
Qui me l'a confiée et fait tout pour vous plaire.
  DON CARLOS, *le congédiant.*
Fais tout ce que j'ai dit! tout!
  DON RICARDO, *s'inclinant.*
                    J'y vais de ce pas,
Altesse!
  DON CARLOS.
Il faut trois coups de canon, n'est-ce pas?
  Don Ricardo s'incline et sort.

Don Carlos, resté seul, tombe dans une profonde rêverie. Ses bras se croisent, sa tête fléchit sur sa poitrine, puis il la relève et se tourne vers le tombeau.

SCÈNE II.

DON CARLOS, *seul.*

Charlemagne, pardon! — ces voûtes solitaires
Ne devraient répéter que paroles austères;
Tu t'indignes sans doute à ce bourdonnement
Que nos ambitions font sur ton monument. [bre,
—Charlemagne est ici!—Comment, sépulcre som-
Peux-tu sans éclater contenir si grande ombre!
Es-tu bien là, géant d'un monde créateur,
Et t'y peux-tu coucher de toute ta hauteur? —
Ah! c'est un beau spectacle à ravir la pensée
Que l'Europe ainsi faite et comme il l'a laissée!
Un édifice, avec deux hommes au sommet,
Deux chefs élus auxquels tout roi né se soumet.
Presque tous les États, duchés, fiefs militaires,
Royaumes, marquisats, tous sont héréditaires;
Mais le peuple a parfois son pape ou son césar,
Tout marche, et le hasard corrige le hasard.
De là vient l'équilibre, et toujours l'ordre éclate.
Électeurs de drap d'or, cardinaux d'écarlate,
Double sénat sacré dont la terre s'émeut,
Ne sont là qu'en parade, et Dieu veut ce qu'il veut.
Qu'une idée, au besoin des temps, un jour éclose,
Elle grandit, va, court, se mêle à toute chose,
Se fait homme, saisit les cœurs, creuse un sillon;
Maint roi la foule aux pieds ou lui met un bâillon;
Mais qu'elle entre un matin à la diète, au conclave,
Et tous les rois soudain verront l'idée esclave
Sur leurs têtes de rois que ses pieds courberont
Surgir, le globe en main ou la tiare au front.
Le pape et l'empereur sont tout. Rien n'est sur terre
Que pour eux et par eux. Un suprême mystère
Vit en eux; et le ciel, dont ils ont tous les droits,
Leur fait un grand festin des peuples et des rois,
Et les tient sous sa nue, où son tonnerre gronde,
Seuls, assis à la table où Dieu leur sert le monde.
Tête à tête ils sont là, réglant et retranchant,
Arrangeant l'univers comme un faucheur son champ.
Tout se passe entre eux deux. Les rois sont à la porte,
Respirant la vapeur des mets que l'on apporte,
Regardant à la vitre, attentifs, ennuyés,
Et se haussant pour voir sur la pointe des pieds.
Le monde au-dessous d'eux s'échelonne et se groupe.
Ils font et défont. L'un délie, et l'autre coupe.
L'un est la vérité, l'autre est la force. Ils ont
Leur raison en eux-même, et sont parce qu'ils sont.
Quand ils sortent, tous deux égaux, du sanctuaire,
L'un dans sa pourpre, et l'autre avec son blanc suaire,
L'univers ébloui contemple avec terreur
Ces deux moitiés de Dieu, le pape et l'empereur.
—L'empereur! l'empereur! être empereur!—O rage,
Ne pas l'être!—et sentir son cœur plein de courage!
Qu'il fut heureux celui qui dort dans ce tombeau!
Qu'il fut grand!—De son temps c'était encor plus beau.
Le pape et l'empereur! ce n'était plus deux hommes.
Pierre et César! en eux accouplant les deux Romes,
Fécondant l'une par l'autre en un mystique hymen,
Redonnant une forme, une âme au genre humain,
Faisant refondre en bloc peuples et pêle-mêle
Royaumes, pour en faire une Europe nouvelle,
Et tous deux remettant au moule de leur main
Le bronze qui restait du vieux monde romain!
Oh! quel destin!—Pourtant cette tombe est la sienne!
Tout est-il donc si peu que ce soit là qu'on vienne?
Quoi donc! avoir été prince, empereur et roi!
Avoir été l'épée! avoir été la loi!
Géant, pour piédestal avoir eu l'Allemagne!
Quoi! pour titre César et pour nom Charlemagne!
Avoir été plus grand qu'Annibal, qu'Attila,
Aussi grand que le monde!...—et que tout tienne là!
Ha! briguez donc l'empire! et voyez la poussière
Que fait un empereur! Couvrez la terre entière
De bruit et de tumulte. Élevez, bâtissez
Votre empire, et jamais ne dites : C'est assez!
Taillez à larges pans un édifice immense!
Savez-vous ce qu'un jour il en reste?—ô démence!
Cette pierre!—et du titre et du nom triomphants?—
Quelques lettres, à faire épeler des enfants!
Si haut que soit le but où votre orgueil aspire,
Voilà le dernier terme!...—Oh! l'empire! l'empire!
Que m'importe! j'y touche, et le trouve à mon gré.
Quelque chose me dit : Tu l'auras!—Je l'aurai.
Si je l'avais!...—O ciel! être ce qui commence!
Seul, debout, au plus haut de la spirale immense!
D'une foule d'États l'un sur l'autre étagés,
Être la clef de voûte; et voir sous soi rangés
Les rois, et sur leur tête essuyer ses sandales;
Voir au-dessous des rois les maisons féodales,
Margraves, cardinaux, doges, ducs à fleurons;
Puis évêques, abbés, chefs de clans, hauts barons;
Puis, clercs et soldats; puis, loin du faîte où nous
                                      [sommes,
Dans l'ombre, tout au fond de l'abîme,—les hommes.
—Les hommes!—c'est-à-dire, une foule, une mer,
Un grand bruit; pleurs et cris, parfois un rire amer;
Plainte qui, réveillant la terre qui s'effare,
A travers tant d'échos, nous arrive fanfare!
Les hommes!—des cités, des tours, un vaste essaim,—
De hauts clochers d'église à sonner le tocsin!—
  Rêvant.
Base de nations portant sur leurs épaules
La pyramide énorme appuyée aux deux pôles,
Flots vivants, qui, toujours l'étreignant de leurs plis,
La balancent, branlante, à leur vaste roulis,
Font tout changer de place et, sur ses hautes zones,
Comme des escabeaux font chanceler les trônes,
Si bien que tous les rois, cessant leurs vains débats,
Lèvent les yeux au ciel...—Rois! regardez en bas!
—Ah! le peuple!—Océan!—Onde sans cesse émue,
Où l'on ne jette rien sans que tout ne remue!
Vague qui broie un trône et qui berce un tombeau!
Miroir où rarement un roi se voit en beau!
Ah! si l'on regardait parfois dans ce flot sombre,
On y verrait au fond des empires sans nombre,
Grands vaisseaux naufragés, que son flux et reflux

Roule, et qui le gênaient, et qu'il ne connaît plus!
—Gouverner tout cela!—Monter, si l'on vous nomme,
A ce faîte!—Y monter, sachant qu'on n'est qu'un hom-
—Avoir l'abîme là!..—Pourvu qu'en ce moment [me,
Il n'aille pas me prendre un éblouissement!
Oh! d'états et de rois mouvante pyramide,
Ton faîte est bien étroit!—Malheur au pied timide!
A qui me retiendrai-je?...—Oh! si j'allais faillir
En sentant sous mes pieds le monde tressaillir!
En sentant vivre, sourdre, et palpiter la terre! [faire?
—Puis, quand j'aurai ce globe entre mes mains, qu'en
Le pourrai-je porter seulement? Qu'ai-je en moi?
Être empereur! mon Dieu! j'avais trop d'être roi!
Certe, il n'est qu'un mortel de race peu commune
Dont puisse s'élargir l'âme avec la fortune.
Mais moi! qui me fera grand? qui sera ma loi?
Qui me conseillera?...—

Il tombe à deux genoux devant le tombeau.

Charlemagne! c'est toi!
Oh! puisque Dieu, pour qui tout obstacle s'efface,
Prend nos deux majestés et les met face à face,
Verse-moi dans le cœur, du fond de ce tombeau,
Quelque chose de grand, de sublime et de beau!
Oh! par tous ses côtés fais-moi voir toute chose!
Montre-moi que le monde est petit, car je n'ose
Y toucher. Montre-moi que sur cette Babel
Qui du pâtre à César va montant jusqu'au ciel,
Chacun en son degré se complaît et s'admire,
Voit l'autre par-dessous et se retient d'en rire.
Apprends-moi tes secrets de vaincre et de régner,
Et dis-moi qu'il vaut mieux punir que pardonner!
—N'est-ce pas?—S'il est vrai qu'en son lit solitaire
Parfois une grande ombre au bruit que fait la terre
S'éveille, et que soudain son tombeau large et clair
S'entr'ouvre, et dans la nuit jette au monde un éclair;
Si cette chose est vraie, empereur d'Allemagne,
Oh! par tout ce qu'on peut faire après Charlemagne!
Parle! dût en parlant ton souffle souverain
Me briser sur le front cette porte d'airain!
Ou plutôt, laisse-moi seul dans ton sanctuaire
Entrer; laisse-moi voir ta face mortuaire;
Ne me repousse pas d'un souffle d'aquilons;
Sur ton chevet de pierre accoude-toi. Parlons.
Oui, dusses-tu me dire, avec ta voix fatale,
De ces choses qui font l'œil sombre et le front pâle,
Parle, et n'aveugle pas ton fils épouvanté,
Car ta tombe sans doute est pleine de clarté!
Ou, si tu ne dis rien, laisse en ta paix profonde
Carlos étudier ta tête comme un monde;
Laisse, qu'il te mesure à loisir, ô géant,
Car rien n'est ici-bas si grand que ton néant!
Que la cendre à défaut de l'ombre me conseille!

Il approche la clef de la serrure.

Entrons!

Il recule.

Dieu! s'il allait me parler à l'oreille!
S'il était là, debout et marchant à pas lents!
Si j'allais ressortir avec des chevaux blancs!
Entrons toujours!—

Bruit de pas.

On vient!—Qui donc ose à cette heure,
Hors moi, d'un pareil mort éveiller la demeure?
Qui donc?

Le bruit s'approche.

Ah! j'oubliais! ce sont mes assassins!
Entrons!

Il ouvre la porte du tombeau qu'il referme sur lui. — Entrent plusieurs hommes, marchant à pas sourds, cachés sous leurs manteaux et leurs chapeaux.

SCÈNE III.

LES CONJURÉS.

Ils vont les uns aux autres, en se prenant la main et en échangeant quelques paroles à voix basse.

PREMIER CONJURÉ, *portant seul une torche allumée.*
Ad augusta.

DEUXIÈME CONJURÉ.
Per angusta.

PREMIER CONJURÉ.
Les saints
Nous protègent.

TROISIÈME CONJURÉ.
Les morts nous servent.

PREMIER CONJURÉ.
Dieu nous garde.

Bruit de pas dans l'ombre.

DEUXIÈME CONJURÉ.
Qui vive?

VOIX DANS L'OMBRE.
Ad augusta.

DEUXIÈME CONJURÉ.
Per angusta.

Entrent de nouveaux conjurés. — Bruit de pas.

PREMIER CONJURÉ, *au troisième.*
Regarde.
Il vient encor quelqu'un.

TROISIÈME CONJURÉ.
Qui vive?

VOIX DANS L'OMBRE.
Ad augusta.

TROISIÈME CONJURÉ.
Per angusta.

Entrent de nouveaux conjurés qui échangent des signes de main avec tous les autres.

PREMIER CONJURÉ.
C'est bien. Nous voilà tous. — Gotha,
Fais le rapport. — Amis, l'ombre attend la lumière.

Tous les conjurés s'asseyent en demi-cercle sur des tombeaux. Le premier conjuré passe tour à tour devant tous, et chacun allume à sa torche une cire qu'il tient à la main. Puis le premier conjuré va s'asseoir en silence sur une tombe au centre du cercle et plus haut que les autres.

LE DUC DE GOTHA, *se levant.*
Amis, Charles d'Espagne, étranger par sa mère,
Prétend au saint empire.

PREMIER CONJURÉ.
Il aura le tombeau.

LE DUC DE GOTHA.

Il jette sa torche à terre et l'écrase du pied.

Qu'il en soit de son front comme de ce flambeau!

TOUS.
Que ce soit!

PREMIER CONJURÉ.
Mort à lui!

LE DUC DE GOTHA.
Qu'il meure!

TOUS.
Qu'on l'immole!

DON JUAN DE HARO.
Son père est allemand.

LE DUC DE LUTZELBOURG.
Sa mère est espagnole!

LE DUC DE GOTHA.
Il n'est plus espagnol et n'est pas allemand.
Mort!

UN CONJURÉ.
Si les électeurs allaient dans ce moment
Le nommer empereur?

PREMIER CONJURÉ.
Eux! lui! jamais!

DON GIL TELLEZ GIRON.
Qu'importe !
Amis ! frappons la tête, et la couronne est morte !
PREMIER CONJURÉ.
S'il a le saint-empire, il devient, quel qu'il soit,
Très-auguste, et Dieu seul peut le toucher du doigt !
LE DUC DE GOTHA.
Le plus sûr, c'est qu'avant d'être auguste il expire.
PREMIER CONJURÉ.
On ne l'élira point !
TOUS.
Il n'aura pas l'empire !
PREMIER CONJURÉ.
Combien faut-il de bras pour le mettre au linceul ?
TOUS.
Un seul.
PREMIER CONJURÉ.
Combien faut-il de coups au cœur ?
TOUS.
Un seul.
PREMIER CONJURÉ.
Qui frappera ?
TOUS.
Nous tous !
PREMIER CONJURÉ.
La victime est un traître.
Ils font un empereur. Nous, faisons un grand-prêtre.
Tirons au sort.

Tous les conjurés écrivent leurs noms sur leurs tablettes, déchirent la feuille, la roulent, et vont l'un après l'autre la jeter dans l'urne d'un tombeau.—Puis le premier conjuré dit :
— Prions.

Tous s'agenouillent. Le premier conjuré se relève et dit :
Que l'élu croie en Dieu,
Frappe comme un romain, meure comme un hébreu !
Il faut qu'il brave roue et tenailles mordantes,
Qu'il chante aux chevalets, rie aux lampes ardentes,
Enfin que pour tuer et mourir, résigné,
Il fasse tout !
Il tire un des parchemins de l'urne.
TOUS.
Quel nom ?
PREMIER CONJURÉ, à haute voix.
Hernani.
HERNANI, *sortant de la foule des conjurés.*
J'ai gagné !
—Je te tiens, toi que j'ai si long-temps poursuivie,
Vengeance !
DON RUY GOMEZ, *perçant la foule et prenant Hernani à part.*
Oh ! cède-moi ce coup !
HERNANI.
Non, sur ma vie !
Oh ! ne m'enviez pas ma fortune, seigneur !
C'est la première fois qu'il m'arrive bonheur !
DON RUY GOMEZ.
Tu n'as rien. Eh bien, tout, fiefs, châteaux, vasselages,
Cent mille paysans dans mes trois cents villages,
Pour ce coup à frapper, je te les donne, ami !
HERNANI.
Non !
LE DUC DE GOTHA.
Ton bras porterait un coup moins affermi,
Vieillard !
DON RUY GOMEZ.
Arrière ! vous ! sinon le bras, j'ai l'âme.
Aux rouilles du fourreau ne jugez point la lame.
A Hernani.
—Tu m'appartiens !—
HERNANI.
Ma vie à vous, la sienne à moi.
DON RUY GOMEZ, *tirant le cor de sa ceinture.*
Elle ! je te la cède, et te rends ce cor.

HERNANI, *ébranlé.*
Quoi ?
La vie et doña Sol !—Non ! je tiens ma vengeance !
Avec Dieu dans ceci je suis d'intelligence.
J'ai mon père à venger !... peut-être plus encor !
DON RUY GOMEZ.
Elle ! je te la donne, et je te rends ce cor !
HERNANI.
Non !
DON RUY GOMEZ.
Réfléchis, enfant !
HERNANI.
Duc ! laisse-moi ma proie !
DON RUY GOMEZ.
Eh bien ! maudit sois-tu de m'ôter cette joie !
Il remet le cor à sa ceinture.
PREMIER CONJURÉ, *à Hernani.*
Frère ! avant qu'on ait pu l'élire, il serait bien
D'attendre dès ce soir Carlos...
HERNANI.
Ne craignez rien !
Je sais comment on pousse un homme dans la tombe.
PREMIER CONJURÉ.
Que toute trahison sur le traître retombe,
Et Dieu soit avec vous !—Nous, comtes et barons,
S'il périt sans tuer, continuons ! — Jurons
De frapper tour à tour et sans nous y soustraire
Carlos qui doit mourir.
TOUS, *tirant leurs épées.*
Jurons !
LE DUC DE GOTHA, *au premier conjuré.*
Sur quoi, mon frère
DON RUY GOMEZ *retourne son épée, la prend par la pointe et l'élève au-dessus de sa tête.*
Jurons sur cette croix !
TOUS, *élevant leurs épées.*
Qu'il meure impénitent !

On entend un coup de canon éloigné. Tous s'arrêtent en silence. — *La porte du tombeau s'entr'ouvre et don Carlos paraît sur le seuil, pâle ; il écoute.* — *Un second coup.* — *Un troisième coup.* — *Il ouvre tout à fait la porte du tombeau, mais sans faire un pas, debout et immobile sur le seuil.*

SCÈNE IV.

LES CONJURÉS, DON CARLOS. *Puis* DON RICARDO, SEIGNEURS, GARDES, LE ROI DE BOHÊME, LE DUC DE BAVIÈRE. *Puis* DONA SOL.

DON CARLOS.
Messieurs, allez plus loin ! l'empereur vous entend.
Tous les flambeaux s'éteignent à la fois. — *Profond silence.* — *Il fait un pas dans les ténèbres si épaisses qu'on y distingue à peine les conjurés muets et immobiles.*
Silence et nuit ! l'essaim en sort et s'y replonge !
Croyez-vous que ceci va passer comme un songe,
Et que je vous prendrai, n'ayant plus vos flambeaux,
Pour des hommes de pierre assis sur leurs tombeaux ?
Vous parliez tout à l'heure assez haut, mes statues !
Allons ! relevez donc vos têtes abattues,
Car voici Charles-Quint ! Frappez ! faites un pas !
Voyons : oserez-vous ?—Non, vous n'oserez pas !
—Vos torches flamboyaient sanglantes sous ces voûtes.
Mon souffle a donc suffi pour les éteindre toutes !
Mais voyez, et tournez vos yeux irrésolus,
Si j'en éteins beaucoup, j'en allume encor plus !
Il frappe de la clef de fer sur la porte de bronze du tombeau. A ce bruit, toutes les profondeurs du souterrain se remplissent de soldats portant des torches et des pertuisanes. A leur tête, le duc d'Alcala, le marquis d'Almuñan, etc.
—Accourez, mes faucons ! j'ai le nid, j'ai la proie !

Aux conjurés.
—J'illumine à mon tour. Le sépulcre flamboie !
Regardez !
Aux soldats.
Venez tous ! car le crime est flagrant !
HERNANI, *regardant les soldats.*
A la bonne heure ! seul, il me semblait trop grand.
C'est bien.—J'ai cru d'abord que c'était Charlemagne,
Ce n'est que Charles-Quint !
DON CARLOS, *au duc d'Alcala.*
Connétable d'Espagne !
Au marquis d'Almuñan.
Amiral de Castille, ici ! — Désarmez-les.
On entoure les conjurés et on les désarme.
DON RICARDO, *accourant et s'inclinant jusqu'à terre.*
Majesté !...
DON CARLOS.
Je te fais alcade du palais.
DON RICARDO, *s'inclinant de nouveau.*
Deux électeurs, au nom de la chambre dorée,
Viennent complimenter la Majesté sacrée !
DON CARLOS.
Qu'ils entrent !
Bas à Ricardo.
Doña Sol !
Ricardo salue et sort. — Entrent, avec flambeaux et fanfares, le roi de Bohême et le duc de Bavière, tout en drap d'or, couronnes en tête. Nombreux cortége de seigneurs allemands, portant la bannière de l'empire, l'aigle à deux têtes avec l'écusson d'Espagne au milieu. — Les soldats s'écartent, se rangent en haie, et font passage aux deux électeurs jusqu'à l'empereur, qu'ils saluent profondément, et qui leur rend leur salut en soulevant son chapeau.

LE DUC DE BAVIÈRE.
Charles ! roi des romains,
Majesté très-sacrée, empereur ! dans vos mains
Le monde est maintenant, car vous avez l'empire.
Il est à vous, ce trône où tout monarque aspire !
Frédéric, duc de Saxe, y fut d'abord élu,
Mais, vous jugeant plus digne, il n'en a pas voulu.
Venez donc recevoir la couronne et le globe.
Le Saint-Empire, ô roi, vous revêt de la robe,
Il vous arme du glaive, et vous êtes très-grand.
DON CARLOS.
J'irai remercier le collége en rentrant.
Allez, messieurs. — Merci, mon frère de Bohême,
Mon cousin de Bavière, allez ! — J'irai moi-même.
LE ROI DE BOHÊME.
Charles ! du nom d'amis nos aïeux se nommaient.
Mon père aimait ton père, et leurs pères s'aimaient.
Charles, si jeune en butte aux fortunes contraires,
Dis, veux-tu que je sois ton frère entre tes frères ?
Je t'ai vu tout enfant, et ne puis oublier...
DON CARLOS, *l'interrompant.*
Roi de Bohême ! eh bien ! vous êtes familier !
Il lui présente sa main à baiser, ainsi qu'au duc de Bavière. Puis congédie les deux électeurs qui le saluent profondément.
Allez !
Sortent les deux électeurs avec leur cortége.
LA FOULE.
Vivat !
DON CARLOS, *à part.*
J'y suis !—et tout m'a fait passage !
Empereur ! — au refus de Frédéric-le-Sage !
Entre doña Sol conduite par don Ricardo.
DOÑA SOL.
Des soldats ! l'empereur ! ô ciel ! coup imprévu !
Hernani !
HERNANI.
Doña Sol !

DON RUY GOMEZ, *à côté d'Hernani, à part.*
Elle ne m'a point vu !
Doña Sol court à Hernani. Il la fait reculer d'un regard de défiance.
HERNANI.
Madame !...
DOÑA SOL, *tirant le poignard de son sein.*
J'ai toujours son poignard !
HERNANI, *lui tendant les bras.*
Mon amie !
DON CARLOS.
Silence tous !—
Aux conjurés.
Votre âme est-elle raffermie ?
Il convient que je donne au monde une leçon.
Lara le Castillan et Gotha le Saxon,
Vous tous ! que venait-on faire ici ? parlez.
HERNANI, *faisant un pas.*
Sire,
La chose est toute simple, et l'on peut vous la dire.
Nous gravions la sentence au mur de Balthazar.
Il tire un poignard et l'agite.
Nous rendions à César ce qu'on doit à César.
DON CARLOS.
Paix !
A don Ruy Gomez.
—Vous traître, Silva ?
DON RUY GOMEZ.
Lequel de nous deux, sire ?
HERNANI, *se retournant vers les conjurés.*
Nos têtes et l'empire ! — Il a ce qu'il désire.
A l'empereur.
Le bleu manteau des rois pouvait gêner vos pas.
La pourpre vous va mieux. Le sang n'y paraît pas.
DON CARLOS, *à don Ruy Gomez.*
Mon cousin de Silva, c'est une félonie
A faire du blason rayer ta baronnie !
C'est haute trahison, don Ruy, songes-y bien !
DON RUY GOMEZ.
Les rois Rodrigue font les comtes Julien !
DON CARLOS, *au duc d'Alcala.*
Ne prenez que ce qui peut être duc ou comte. —
Le reste !...
Don Ruy Gomez, le duc de Lutzelbourg, le duc de Gotha, don Juan de Haro, don Guzman de Lara, don Tellez Giron, le baron de Hohenbourg, se séparent du groupe des conjurés, parmi lesquels est resté Hernani. Le duc d'Alcala les entoure étroitement de gardes.
DOÑA SOL.
Il est sauvé !
HERNANI, *sortant du groupe des conjurés.*
Je prétends qu'on me compte !
A don Carlos.
Puisqu'il s'agit de hache ici, que Hernani,
Pâtre obscur, sous tes pieds passerait impuni,
Puisque son front n'est plus au niveau de ton glaive,
Puisqu'il faut être grand pour mourir, je me lève.
Dieu qui donne le sceptre et qui te le donna
M'a fait duc de Segorbe et duc de Cardona,
Marquis de Monroy, comte Albatera, vicomte
De Gor, seigneur de lieux dont j'ignore le compte.
Je suis Jean d'Aragon, grand-maître d'Avis, né
Dans l'exil, fils proscrit d'un père assassiné
Par sentence du tien, roi Carlos de Castille !
Le meurtre est entre nous affaire de famille.
Vous avez l'échafaud, nous avons le poignard.
Donc le ciel m'a fait duc et l'exil montagnard.
Mais puisque j'ai sans fruit aiguisé mon épée
Sur les monts, et dans l'eau des torrents retrempée,
Il met son chapeau.
Aux autres conjurés.
Couvrons-nous, grands d'Espagne ! —
Tous les Espagnols se couvrent.

A don Carlos.
Oui, nos têtes, ô roi,
Ont le droit de tomber couvertes devant toi!
    Aux prisonniers.
— Silva! Haro! Lara! gens de titre et de race,
Place à Jean d'Aragon! ducs et comtes! ma place!
    Aux courtisans et aux gardes.
Je suis Jean d'Aragon, roi, bourreaux et valets!
Et si vos échafauds sont petits, changez-les!
Il vient se joindre au groupe des seigneurs prisonniers.
            DONA SOL.
Ciel!.
            DON CARLOS.
En effet, j'avais oublié cette histoire.
            HERNANI.
Celui dont le flanc saigne a meilleure mémoire.
L'affront, que l'offenseur oublie en insensé,
Vit et toujours remue au cœur de l'offensé!
            DON CARLOS.
Donc je suis, c'est un titre à n'en point vouloir d'autres,
Fils de pères qui font choir la tête des vôtres!
    DONA SOL, *se jetant à genoux devant l'empereur.*
Sire! pardon! pitié! sire, soyez clément!
Ou frappez-nous tous deux, car il est mon amant,
Mon époux! en lui seul je respire. — Oh! je tremble.
Sire! ayez la pitié de nous tuer ensemble!
Majesté! je me traîne à vos sacrés genoux!
Je l'aime! il est à moi, comme l'empire à vous!
Oh! Grâce!...
    Don Carlos la regarde immobile.
— Quel penser sinistre vous absorbe?...—
            DON CARLOS.
Allons! relevez-vous, duchesse de Segorbe,
Comtesse Albatera, marquise de Monroy...
    A Hernani.
— Tes autres noms, don Juan? —
            HERNANI.
            Qui parle ainsi? le roi?
            DON CARLOS.
Non, l'empereur.
    DONA SOL, *se relevant.*
            Grand Dieu!
    DON CARLOS, *la montrant à Hernani.*
            Duc, voilà ton épouse!
HERNANI, *les yeux au ciel et doña Sol dans ses bras.*
Juste Dieu!
    DON CARLOS, *à don Ruy Gomez.*
Mon cousin, ta noblesse est jalouse,
Je sais. — Mais Aragon peut épouser Silva.
    DON RUY GOMEZ, *sombre.*
Ce n'est pas ma noblesse!
    HERNANI, *regardant doña Sol avec amour et la tenant embrassée.*
            Oh! ma haine s'en va!
        Il jette son poignard.
DON RUY GOMEZ, *à part, les regardant tous deux.*
Éclaterai-je! oh non! Fol amour! douleur folle!
Tu leur ferais pitié, vieille tête espagnole!
Vieillard, brûle en silence, aime et souffre en secret,
Laisse ronger ton cœur! Pas un cri. — L'on rirait!
    DONA SOL, *dans les bras d'Hernani.*
O mon duc!
            HERNANI.
    Je n'ai plus que de l'amour dans l'âme.
            DONA SOL.
O bonheur!
    DON CARLOS, *à part, la main dans sa poitrine.*
            Éteins-toi, cœur jeune et plein de flamme!
Laisse régner l'esprit, que long-temps tu troublas.
Tes amours désormais, tes maîtresses, hélas!

C'est l'Allemagne, c'est la Flandre, c'est l'Espagne.
L'œil fixé sur sa bannière.
L'empereur est pareil à l'aigle, sa compagne.
A la place du cœur, il n'a qu'un écusson!
            HERNANI.
Ah! vous êtes César!.
    DON CARLOS, *à Hernani.*
            De ta noble maison,
Don Juan, ton cœur est digne.
            Montrant doña Sol.
            Il est digne aussi d'elle.
— A genoux, duc!
Hernani s'agenouille. Don Carlos détache sa Toison-
    d'Or et la lui passe au cou.
            — Reçois ce collier.
    Don Carlos tire son épée et l'en frappe trois fois sur
    l'épaule.
            — Sois fidèle!
— Par saint Étienne, duc, je te fais chevalier.
        Il le relève et l'embrasse.
Mais tu l'as, le plus doux et le plus beau collier,
Celui que je n'ai pas, qui manque au rang suprême,
Les deux bras d'une femme aimée et qui vous aime!
Ah! tu vas être heureux; — moi, je suis empereur.
    Aux conjurés.
Je ne sais plus vos noms, messieurs!—Haine et fureur,
Je veux tout oublier. Allez, je vous pardonne!
C'est la leçon qu'au monde il convient que je donne!
    Les conjurés tombent à genoux.
            LES CONJURÉS.
Gloire à Carlos!
    DON RUY GOMEZ, *à don Carlos.*
Moi seul, je reste condamné.
            DON CARLOS.
Et moi!
            HERNANI.
    Je ne hais plus. Carlos a pardonné.
Qui donc nous change tous ainsi?
    TOUS, *soldats, conjurés, seigneurs.*
            Vive Allemagne?
Honneur à Charles-Quint!
    DON CARLOS, *se tournant vers le tombeau.*
            Honneur à Charlemagne!
— Laissez-nous seuls tous deux.
        Tous sortent.

SCÈNE V.

        DON CARLOS, *seul.*
    Il s'incline devant le tombeau.
            Es-tu content de moi?
Ai-je bien dépouillé les misères du roi?
Charlemagne! empereur, suis-je bien un autre homme?
Puis-je accoupler mon casque à la mitre de Rome?
Aux fortunes du monde ai-je droit de toucher?
Ai-je un pied sûr et ferme, et qui puisse marcher
Dans ce sentier, semé des ruines vandales,
Que tu nous as battu de tes larges sandales?
Ai-je bien à la flamme allumé mon flambeau?
Ai-je compris la voix qui parle en ton tombeau?
— Ah! j'étais seul, perdu, seul devant un empire,
Tout un monde qui hurle, et menace, et conspire,
Le Danois à punir, le Saint-Père à payer,
Venise, Soliman, Luther, François Premier,
Mille poignards jaloux luisant déjà dans l'ombre,
Des pièges, des écueils, des ennemis sans nombre,
Vingt peuples dont un seul ferait peur à vingt rois,
Tout pressé, tout pressant, tout à faire à la fois!
Je t'ai crié : — Par où faut-il que je commence?
Et tu m'as répondu : — Mon fils, par la clémence!

ACTE CINQUIÈME.

Une terrasse du palais d'Aragon. — Au fond, la rampe d'un escalier qui s'enfonce dans le jardin. A droite et à gauche, deux portes donnant sur cette terrasse, que ferme au fond du théâtre une balustrade surmontée de deux rangs d'arcades moresques, au-dessus et au travers desquelles on voit les jardins du palais, les jets d'eau dans l'ombre, les bosquets avec des lumières qui s'y promènent, et au fond les faîtes gothiques et arabes du palais illuminé. — Il est nuit. On entend des fanfares éloignées. — Des masques, des dominos, épars, isolés ou groupés, traversent çà et là la terrasse. Sur le devant du théâtre, un groupe de jeunes seigneurs, les masques à la main, riant et causant à grand bruit.

SCÈNE I.

DON SANCHO SANCHEZ DE ZUNIGA, COMTE DE MONTEREY; DON MATIAS CENTURION, MARQUIS D'ALMUNAN. DON RICARDO DE ROXAS, COMTE DE CASAPALMA. DON FRANCISCO DE SOTOMAYOR, COMTE DE VELALCAZAR. DON GARCI SUAREZ DE CARBAJAL, COMTE DE PENALVER.

DON GARCI.
Ma foi, vive la joie et vive l'épousée !
　　　DON MATIAS, *regardant au balcon.*
Saragosse ce soir se met à la croisée.
　　　DON GARCI.
Et fait bien ! on ne vit jamais noce aux flambeaux
Plus gaie, et nuit plus douce, et mariés plus beaux !
　　　DON MATIAS.
Bon empereur !
　　　DON SANCHO.
　　　　　Marquis, certain soir qu'à la brune
Nous allions avec lui tous deux cherchant fortune,
Qui nous eût dit qu'un jour tout finirait ainsi ?
　　　DON RICARDO, *l'interrompant.*
J'en étais.
　　　Aux autres.
　　　Écoutez l'histoire que voici :
Trois galants, un bandit que l'échafaud réclame,
Puis un duc, puis un roi, d'un même cœur de femme
Font le siége à la fois. — L'assaut donné, qui l'a ?
C'est le bandit.
　　　DON FRANCISCO.
　　　　　Mais rien que de simple en cela.
L'amour et la fortune, ailleurs comme en Espagne,
Sont jeux de dés pipés. C'est le voleur qui gagne !
　　　DON RICARDO.
Moi, j'ai fait ma fortune à voir faire l'amour.
D'abord comte, puis grand, puis alcade de cour,
J'ai fort bien employé mon temps, sans qu'on s'en doute.
　　　DON SANCHO.
Le secret de monsieur, c'est d'être sur la route
Du roi...
　　　DON RICARDO.
　　　Faisant valoir mes droits, mes actions...
　　　DON GARCI.
Vous avez profité de ses distractions.
　　　DON MATIAS.
Que devient le vieux duc ? fait-il clouer sa bière ?
　　　DON SANCHO.
Marquis, ne riez pas. Car c'est une âme fière.
Il aimait doña Sol, ce vieillard. Soixante ans
Ont fait ses cheveux gris, un jour les a faits blancs !
　　　DON GARCI.
Il n'a pas reparu, dit-on, à Saragosse ?
　　　DON SANCHO.
Vouliez-vous pas qu'il mît son cercueil de la noce ?
　　　DON FRANCISCO.
Et que fait l'empereur ?
　　　DON SANCHO.
　　　　　L'empereur aujourd'hui
Est triste. Le Luther lui donne de l'ennui.
　　　DON RICARDO.
Ce Luther ! beau sujet de soucis et d'alarmes !
Que j'en finirais vite avec quatre gendarmes !
　　　DON MATIAS.
Le Soliman aussi lui fait ombre.
　　　DON GARCI.
　　　　　Ah ! Luther !
Soliman, Neptunus, le diable et Jupiter,
Que me font ces gens-là ? les femmes sont jolies,
La mascarade est rare, et j'ai dit cent folies !
　　　DON SANCHO.
Voilà l'essentiel.
　　　DON RICARDO.
　　　　　Garci n'a point tort. Moi,
Je ne suis plus le même un jour de fête, et croi
Qu'un masque que je mets me fait une autre tête,
En vérité !
　　　DON SANCHO, *bas à don Matias.*
　　　Que n'est-ce alors tous les jours fête !
　　　DON FRANCISCO, *montrant la porte à droite.*
Messeigneurs, n'est-ce pas la chambre des époux ?
　　　DON GARCI, *avec un signe de tête.*
Nous les verrons venir dans l'instant.
　　　DON FRANCISCO.
　　　　　Croyez-vous ?
　　　DON GARCI.
Hé ! sans doute !
　　　DON FRANCISCO.
　　　Tant mieux. L'épousée est si belle !
　　　DON RICARDO.
Que l'empereur est bon ! — Hernani, ce rebelle,
Avoir la Toison-d'Or ! — marié ! — pardonné !
Loin de là, s'il m'eût cru, l'empereur eût donné
Lit de pierre au galant, lit de plume à la dame.
　　　DON SANCHO, *bas à don Matias.*
Que je le crèverais volontiers de ma lame !
Faux seigneur de clinquant recousu de gros fil !
Pourpoint de comte, empli de conseils d'alguazil !
　　　DON RICARDO, *s'approchant.*
Que dites-vous là ?
　　　DON MATIAS, *bas à don Sancho.*
　　　Comte, ici pas de querelle !
　　　A don Ricardo.
Il me chante un sonnet de Pétrarque à sa belle.
　　　DON GARCI.
Avez-vous remarqué, messieurs, parmi les fleurs,
Les femmes, les habits de toutes les couleurs,
Ce spectre qui, debout contre une balustrade,
De son domino noir lachait la mascarade ?
　　　DON RICARDO.
Oui, pardieu !
　　　DON GARCI.
Qu'est-ce donc ?
　　　DON RICARDO.
　　　　　Mais sa taille, son air.

C'est don Prancasio, général de la mer.
DON FRANCISCO.
Non.
DON GARCI.
Il n'a pas quitté son masque.
DON FRANCISCO.
Il n'avait garde.
C'est le duc de Soma qui veut qu'on le regarde.
Rien de plus.
DON RICARDO.
Non. Le duc m'a parlé.
DON GARCI.
Qu'est-ce alors
Que ce masque? — Tenez, le voilà !
Entre un domino noir qui traverse lentement le fond du théâtre. Tous se retournent et le suivent des yeux sans qu'il paraisse y prendre garde.
DON SANCHO.
Si les morts
Marchent, voici leur pas.
DON GARCI, *courant au domino noir.*
Beau masque !
Le domino noir se retourne et s'arrête. Garci recule.
Sur mon âme,
Messeigneurs, dans ses yeux j'ai vu luire une flamme.
DON SANCHO.
Si c'est le diable, il trouve à qui parler.
Il va au domino noir toujours immobile.
Mauvais !
Nous viens-tu de l'enfer?
LE MASQUE.
Je n'en viens pas, j'y vais.
Il reprend sa marche, et disparaît par la rampe de l'escalier. Tous le suivent des yeux avec une sorte d'effroi.
DON MATIAS.
La voix est sépulcrale, autant qu'on le peut dire.
DON GARCI.
Baste! ce qui fait peur ailleurs, au bal fait rire !
DON SANCHO.
Quelque mauvais plaisant !
DON GARCI.
Ou, si c'est Lucifer
Qui vient nous voir danser en attendant l'enfer,
Dansons !
DON SANCHO.
C'est, à coup sûr, quelque bouffonnerie.
DON MATIAS.
Nous le saurons demain.
DON SANCHO, *à don Matias.*
Regardez, je vous prie.
Que devient-il ?
DON MATIAS, *à la balustrade de la terrasse.*
Il a descendu l'escalier.
— Plus rien.
DON SANCHO.
C'est un plaisant drôle !
Rêvant.
— C'est singulier.
DON GARCI, *à une dame qui passe.*
— Marquise, dansons-nous celle-ci ?
Il la salue et lui présente la main.
LA DAME.
Mon cher comte,
Vous savez, avec vous, que mon mari les compte.

DON GARCI.
Raison de plus. Cela l'amuse apparemment.
C'est son plaisir. Il compte et nous dansons.
La dame lui donne la main et ils sortent.
DON SANCHO, *pensif.*
Vraiment,
C'est singulier.
DON MATIAS.
Voici les mariés. Silence !
Entrent Hernani et doña Sol, se donnant la main. Doña Sol en magnifique habit de mariée. Hernani tout en velours noir, avec la Toison-d'Or au cou. Derrière eux foule de masques, de dames et de seigneurs, qui leur font cortége. Deux hallebardiers en riche livrée les suivent et quatre pages les précèdent. Tout le monde se range et s'incline sur leur passage. Fanfares.

SCÈNE II.

LES MÊMES, HERNANI, DONA SOL, SUITE.

HERNANI, *saluant.*
Chers amis !...
DON RICARDO, *allant à lui et s'inclinant.*
Ton bonheur fait le nôtre, excellence !
DON FRANCISCO, *contemplant doña Sol.*
Saint Jacques monseigneur ! c'est Vénus qu'il conduit !
DON MATIAS.
D'honneur ! on est heureux un pareil jour la nuit !
DON FRANCISCO, *montrant à don Matias la chambre nuptiale.*
Qu'il va se passer là de gracieuses choses !
Être fée, et tout voir, feux éteints, portes closes,
Serait-ce pas charmant ?
DON SANCHO, *à don Matias.*
Il est tard. Partons-nous ?
Tous vont saluer les mariés et sortent, les uns par la porte, les autres par l'escalier du fond.
HERNANI, *les reconduisant.*
Dieu vous garde !
DON SANCHO, *resté le dernier, lui serre la main.*
Soyez heureux !
Il sort.
Hernani et doña Sol restent seuls. — Bruit de pas et de voix qui s'éloignent, puis cessent tout à fait. Pendant tout le commencement de la scène qui suit, les fanfares et les lumières éloignées s'éteignent par degrés. La nuit et le silence reviennent peu à peu.

SCÈNE III.

HERNANI, DONA SOL.

DONA SOL.
Ils s'en vont tous,
Enfin !
HERNANI, *cherchant à l'attirer dans ses bras.*
Cher amour !
DONA SOL, *rougissant et reculant.*
C'est .. qu'il est tard, ce me semble...
HERNANI.
Ange ! il est toujours tard pour être seuls ensemble !

DONA SOL.

Ce bruit me fatiguait!—N'est-ce pas, cher seigneur,
Que toute cette joie étourdit le bonheur?

HERNANI.

Tu dis vrai. Le bonheur, amie, est chose grave.
Il veut des cœurs de bronze et lentement s'y grave.
Le plaisir l'effarouche en lui jetant des fleurs.
Son sourire est moins près du rire que des pleurs!

DONA SOL.

Dans vos yeux se sourire est le jour.

Hernani cherche à l'entraîner vers la porte. Elle rougit.

— Tout à l'heure.

HERNANI.

Oh! je suis ton esclave!—Oui, demeure, demeure!
Fais ce que tu voudras. Je ne demande rien.
Tu sais ce que tu fais! ce que tu fais est bien!
Je rirai, si tu veux, je chanterai. Mon âme
Brûle... Eh! dis au volcan qu'il étouffe sa flamme,
Le volcan fermera ses gouffres entr'ouverts,
Et n'aura sur ses flancs que fleurs et gazons verts!
Car le géant est pris, le Vésuve est esclave,
Et que t'importe, à toi, son cœur rongé de lave!
Tu veux des fleurs! c'est bien. Il faut que de son mieux
Le volcan tout brûlé s'épanouisse aux yeux!

DONA SOL.

Oh! que vous êtes bon pour une pauvre femme,
Hernani de mon cœur!

HERNANI.

Quel est ce nom, madame?
Oh! ne me nomme plus de ce nom, par pitié!
Tu me fais souvenir que j'ai tout oublié!
Je sais qu'il existait autrefois, dans un rêve,
Un Hernani, dont l'œil avait l'éclair du glaive,
Un homme de la nuit et des monts, un proscrit
Sur qui le mot *Vengeance* était partout écrit!
Un malheureux traînant après lui l'anathème!
Mais je ne connais pas ce Hernani. — Moi, j'aime
Les prés, les fleurs, les bois, le chant du rossignol.
Je suis Jean d'Aragon, mari de doña Sol!
Je suis heureux!

DONA SOL.

Je suis heureuse!

HERNANI.

Que m'importe
Les haillons qu'en entrant j'ai laissés à la porte!
Voici que je reviens à mon palais en deuil.
Un ange du Seigneur m'attendait sur le seuil.
J'entre, et remets debout les colonnes brisées,
Je rallume le feu, je rouvre les croisées,
Je fais arracher l'herbe au pavé de la cour,
Je ne suis plus que joie, enchantement, amour.
Qu'on me rende mes tours, mes donjons, mes bastilles,
Mon panache, mon siége au conseil des Castilles,
Vienne ma doña Sol rouge et le front baissé,
Qu'on nous laisse tous deux, et le reste est passé!
Je n'ai rien vu, rien dit, rien fait, je recommence,
J'efface tout, j'oublie! Ou sagesse ou démence,
Je vous ai, je vous aime, et vous êtes mon bien!

DONA SOL.

Que sur ce velours noir ce collier d'or fait bien!

HERNANI.

Vous vîtes avant moi le roi mis de la sorte.

DONA SOL.

Je n'ai pas remarqué.—Tout autre, que m'importe!
Puis, est-ce le velours ou le satin encor?
Non, mon duc. C'est ton cou qui sied au collier d'or!
Vous êtes noble et fier, monseigneur.

Il veut l'entraîner.

— Tout à l'heure!
Un moment!—Vois-tu bien? c'est la joie et je pleure.
Viens voir la belle nuit!

Elle va à la balustrade.

— Mon duc, rien qu'un moment!
Le temps de respirer et de voir seulement!
Tout s'est éteint, flambeaux et musique de fête.
Rien que la nuit et nous! Félicité parfaite!
Dis, ne le crois-tu pas? Sur nous, tout en dormant,
La nature à demi veille amoureusement.
La lune est seule aux cieux, qui comme nous repose,
Et respire avec nous l'air embaumé de rose!
Regarde : plus de feux, plus de bruit. Tout se tait.
La lune tout à l'heure à l'horizon montait,
Tandis que tu parlais, sa lumière qui tremble
Et ta voix, toutes deux m'allaient au cœur ensemble;
Je me sentais joyeuse et calme, ô mon amant!
Et j'aurais bien voulu mourir en ce moment.

HERNANI.

Ah! qui n'oublierait tout à cette voix céleste!
Ta parole est un chant où rien d'humain ne reste.
Et comme un voyageur, sur un fleuve emporté,
Qui glisse sur les eaux par un beau soir d'été,
Et vois fuir sous ses yeux mille plaines fleuries,
Ma pensée entraînée erre en tes rêveries!

DONA SOL.

Ce silence est trop noir. Ce calme est trop profond.
Dis, ne voudrais-tu point voir une étoile au fond?
Ou qu'une voix des nuits, tendre et délicieuse,
S'élevant tout à coup, chantât?...

HERNANI, *souriant.*

Capricieuse!
Tout à l'heure on fuyait la lumière et les chants!

DONA SOL.

Le bal!—Mais un oiseau, qui chanterait aux champs!
Un rossignol, perdu dans l'ombre et dans la mousse,
Ou quelque flûte au loin!—Car la musique est douce,
Fait l'âme harmonieuse, et, comme un divin chœur,
Éveille mille voix qui chantent dans le cœur!
— Ah! ce serait charmant!

On entend le bruit lointain d'un cor dans l'ombre.

— Dieu! je suis exaucée!

HERNANI, *tressaillant, à part*

Ah! malheureuse!

DONA SOL.

Un ange a compris ma pensée, —
Ton bon ange, sans doute!

HERNANI, *amèrement.*

Oui, mon bon ange!

A part.

Encor!...

DONA SOL, *souriant.*

Don Juan! Je reconnais le son de votre cor!

HERNANI.

N'est-ce pas?

DONA SOL.

Seriez-vous dans cette sérénade
De moitié?

HERNANI.

De moitié, tu l'as dit.

DONA SOL.

Bal maussade!
Ah! que j'aime bien mieux le cor au fond des bois!...
Et puis, c'est votre cor, c'est comme votre voix.

Le cor recommence.

HERNANI, *à part.*
Ah! le tigre est en bas qui hurle et veut sa proie!
DONA SOL.
Don Juan, cette harmonie emplit le cœur de joie!...
HERNANI, *se levant terrible.*
Nommez-moi Hernani! nommez-moi Hernani!
Avec ce nom fatal je n'en ai pas fini!
DONA SOL, *tremblante.*
Qu'avez-vous?
HERNANI.
Le vieillard!
DONA SOL.
Dieu! quels regards funèbres!
Qu'avez-vous?
HERNANI.
Le vieillard qui rit dans les ténèbres!
— Ne le voyez-vous pas?
DONA SOL.
Où vous égarez-vous?
Qu'est-ce que ce vieillard?
HERNANI.
Le vieillard!
DONA SOL.
A genoux,
Je t'en supplie, oh! dis! quel secret te déchire?
Qu'as-tu?
HERNANI.
Je l'ai juré!...
DONA SOL.
Juré!
Elle suit tous ses mouvements avec anxiété. Il s'arrête tout à coup, et passe la main sur son front.
HERNANI, *à part.*
Qu'allais-je dire?
Épargnons-la.
Haut.
Moi, rien. De quoi t'ai-je parlé?
DONA SOL.
Vous avez dit...
HERNANI.
Non, non... j'avais l'esprit troublé...
Je souffre un peu, vois-tu. N'en prends pas d'épou-
DONA SOL.   [vante.
Te faut-il quelque chose? ordonne à ta servante!
Le cor recommence.
HERNANI, *à part.*
Il le veut! il le veut! Il a mon serment.
Cherchant son poignard.
— Rien!
Ce devrait être fait! — Ah!
DONA SOL.
Tu souffres donc bien?
HERNANI.
Une blessure ancienne, et qui semblait fermée,
Se rouvre...
A part.
Éloignons-la.
Haut.
— Doña Sol, bien aimée,
Écoute, ce coffret qu'en des jours moins heureux
Je portais avec moi...
DONA SOL.
Je sais ce que tu veux.
Eh bien, qu'en veux-tu faire?
HERNANI.
Un flacon qu'il renferme
Contient un élixir qui pourra mettre un terme
Au mal que je ressens... Va!
DONA SOL.
J'y vais, monseigneur.
Elle sort par la porte de la chambre nuptiale.

SCÈNE IV.

HERNANI, *seul.*

Voilà donc ce qu'il vient faire de mon bonheur!
Voici le doigt fatal qui luit sur la muraille!
Oh! que la destinée amèrement me raille!
Il tombe dans une profonde et convulsive rêverie, puis se détourne brusquement.
Hé bien?... — Mais tout se tait. Je n'entends rien venir.
Si je m'étais trompé!...
Le masque en domino noir paraît au haut de la rampe.
— Hernani s'arrête pétrifié.

SCÈNE V.

HERNANI, LE MASQUE.

LE MASQUE.
— « Quoi qu'il puisse advenir,
» Quand tu voudras, vieillard, quel que soit le lieu,
                                              [l'heure,
» S'il te passe à l'esprit qu'il est temps que je meure,
» Viens, sonne de ce cor, et ne prends d'autres soins,
» Tout sera fait. » — Ce pacte eut les morts pour té-
Hé bien! tout est-il fait?   [moins.
HERNANI, *à voix basse.*
C'est lui!
LE MASQUE.
Dans ta demeure
Je viens, et je te dis qu'il est temps. C'est mon heure.
Je te trouve en retard.
HERNANI.
Bien. Quel est ton plaisir?
Que feras-tu de moi? Parle.
LE MASQUE.
Tu peux choisir
Du fer ou du poison. Ce qu'il faut, je l'apporte.
Nous partirons tous deux.
HERNANI.
Soit.
LE MASQUE.
Prions-nous!
HERNANI.
Qu'importe!
LE MASQUE.
Que prends-tu?
HERNANI.
Le poison.
LE MASQUE.
Bien! donne-moi ta main.
Il présente une fiole à Hernani qui la reçoit en pâlissant.
Bois, pour que je finisse.
Hernani approche la fiole de ses lèvres, puis recule.
HERNANI.
Oh! par pitié! demain!
Oh! s'il te reste un cœur, duc, ou du moins une âme;
Si tu n'es pas un spectre échappé de la flamme;
Un mort damné, fantôme ou démon désormais;
Si Dieu n'a point encor mis sur ton front : « Jamais! »
Si tu sais ce que c'est que ce bonheur suprême
D'aimer, d'avoir vingt ans, d'épouser quand on aime;
Si jamais femme aimée a tremblé dans tes bras,
Attends jusqu'à demain. — Demain tu reviendras!
LE MASQUE.
Simple qui parle ainsi! demain! demain! — tu railles!
Ta cloche a ce matin sonné tes funérailles!
Et que ferais-je, moi, cette nuit? J'en mourrais.
Et qui viendrait te prendre et t'emporter après?
Seul descendre au tombeau! Jeune homme, il faut me
HERNANI.   [suivre!
Eh bien, non! et de toi, démon, je me délivre!
Je n'obéirai pas.

LE MASQUE.
Je m'en doutais. — Fort bien.
Sur quoi donc m'as-tu fait ce serment? Ah! sur rien.
Peu de chose après tout! La tête de ton père.
Cela peut s'oublier. La jeunesse est légère.
HERNANI.
Mon père! — Mon père!... — Ah! j'en perdrai la rai-
LE MASQUE.   [son!...
Non, ce n'est qu'un parjure et qu'une trahison.
HERNANI.
Duc!...
LE MASQUE.
Puisque les aînés des maisons espagnoles
Se font jeu maintenant de fausser leurs paroles,
    Il fait un pas pour sortir.
Adieu!
HERNANI.
Ne t'en va pas.
LE MASQUE.
Alors...
HERNANI.
Vieillard cruel!
    Il prend la fiole.
Revenir sur mes pas à la porte du ciel!...
    Rentre doña Sol, sans voir le masque qui est debout
    près de la rampe au fond du théâtre.

SCÈNE VI.

LES MÊMES, DONA SOL.

DONA SOL.
Je n'ai pu le trouver, ce coffret!
HERNANI, *à part*.
                    Dieu! c'est elle!
Dans quel moment!
DONA SOL.
Qu'a-t-il? je l'effraie, il chancelle
A ma voix! — Que tiens-tu dans ta main? quel soup-
Que tiens-tu dans ta main? réponds.   [çon!
    Le domino se démasque. Elle pousse un cri, et reconnaît
    don Ruy.
                    — C'est du poison!
HERNANI.
Grand Dieu!
DONA SOL, *à Hernani*.
Que t'ai-je fait? quel horrible mystère!...
Vous me trompiez, don Juan!...
HERNANI.
Ah! j'ai dû te le taire...
J'ai promis de mourir au duc qui me sauva.
Aragon doit payer cette dette à Silva.
DONA SOL.
Vous n'êtes pas à lui, mais à moi. Que m'importe
Tous vos autres serments!
    A don Ruy Gomez.
                Duc, l'amour me rend forte.
Contre vous, contre tous, duc je le défendrai.
DON RUY GOMEZ, *immobile*.
Défends-le, si tu peux, contre un serment juré.
DONA SOL.
Quel serment?
HERNANI.
J'ai juré.
DONA SOL.
Non, non; rien ne te lie;
Cela ne se peut pas! crime, attentat, folie!
DON RUY GOMEZ.
Allons, duc!
    Hernani fait un geste pour obéir. Doña Sol cherche
    à l'arrêter.

HERNANI.
Laissez-moi, doña Sol, il le faut.
Le duc a ma parole, et mon père est là-haut!
DONA SOL, *à don Ruy*.
Il vaudrait mieux pour vous aller aux tigres même
Arracher leurs petits, qu'à moi celui que j'aime.
Savez-vous ce que c'est que doña Sol? Long-temps,
Par pitié pour votre âge et pour vos soixante ans,
J'ai fait la fille douce, innocente et timide;
Mais voyez-vous cet œil de pleurs de rage humide?
    Elle tire un poignard de son sein.
Voyez-vous ce poignard? Ah! vieillard insensé,
Craignez-vous pas le fer quand l'œil a menacé?
Prenez garde, don Ruy! — Je suis de la famille,
Mon oncle! — écoutez-moi, fussé-je votre fille,
Malheur si vous portez la main sur mon époux!...
    Elle jette le poignard et tombe à genoux devant le duc.
Ah! je tombe à vos pieds! Ayez pitié de nous!
Grâce! hélas! monseigneur, je ne suis qu'une femme,
Je suis faible, ma force avorte dans mon âme,
Je me brise aisément, je tombe à vos genoux!
Ah! je vous en supplie, ayez pitié de nous!
DON RUY GOMEZ.
Doña Sol!
DONA SOL.
Pardonnez!... Nous autres espagnoles,
Notre douleur s'emporte à de vives paroles,
Vous le savez. Hélas! vous n'étiez pas méchant!
Pitié! Vous me tuez, mon oncle, en le touchant!
Pitié! je l'aime tant!...
DON RUY GOMEZ, *sombre*.
Vous l'aimez trop!
HERNANI.
Tu pleures!
DONA SOL.
Non, non, je ne veux pas, mon amour, que tu meures,
Non, je ne veux pas.
    A don Ruy.
            Faites grâce aujourd'hui:
Je vous aimerai bien aussi, vous.
DON RUY GOMEZ.
Après lui!
De ces restes d'amour, d'amitié, — moins encore, —
Croyez-vous apaiser la soif qui me dévore?
    Montrant Hernani.
Il est seul! il est tout! mais moi, belle pitié!
Qu'est-ce que je peux faire avec votre amitié?
O rage! il aurait, lui, le cœur, l'amour, le trône,
Et d'un regard de vous il me ferait l'aumône!
Et s'il fallait un mot à mes vœux insensés,
C'est lui qui vous dirait : — Dis cela, c'est assez! —
En maudissant tout bas le mendiant avide
Auquel il faut jeter le fond du verre vide!
Honte! dérision! Non, il faut en finir.
Bois.
HERNANI.
Il a ma parole, et je dois la tenir.
DON RUY GOMEZ.
Allons!
    Hernani approche la fiole de ses lèvres. Doña Sol
    se jette sur son bras.
DONA SOL.
Oh! pas encor! Daignez tous deux m'entendre.
DON RUY GOMEZ.
Le sépulcre est ouvert, et je ne puis attendre.
DONA SOL.   [deux
Un instant, monseigneur! mon don Juan! — Ah! tous
Vous êtes bien cruels! — Qu'est-ce que je veux d'eux?
Un instant! voilà tout... tout ce que je réclame!
Enfin, on laisse dire à cette pauvre femme   [ler...
Ce qu'elle a dans le cœur!... — Oh! laissez-moi par-
DON RUY GOMEZ, *à Hernani*.
J'ai hâte.

DONA SOL.
Messeigneurs! vous me faites trembler!
Que vous ai-je donc fait?

HERNANI.
Ah! son cri me déchire.

DONA SOL, *lui retenant toujours le bras.*
Vous voyez bien que j'ai mille choses à dire.

DON RUY GOMEZ, *à Hernani.*
Il faut mourir.

DONA SOL, *toujours pendue au bras d'Hernani.*
Don Juan, lorsque j'aurai parlé,
Tout ce que tu voudras, tu le feras.
Elle lui arrache la fiole.
Je l'ai.
Elle élève la fiole aux yeux d'Hernani et du vieillard étonné.

DON RUY GOMEZ.
Puisque je n'ai céans affaire qu'à deux femmes,
Don Juan, il faut qu'ailleurs j'aille chercher des âmes.
Tu fais de beaux serments par le sang dont tu sors,
Et je vais à ton père en parler chez les morts!
—Adieu!...
Il fait quelques pas pour sortir. Hernani le retient.

HERNANI.
Duc, arrêtez.
A doña Sol.
Hélas! je t'en conjure,
Veux-tu me voir faussaire, et félon, et parjure?
Veux-tu que partout j'aille avec la trahison
Écrite sur le front? Par pitié, ce poison,
Rends-le-moi! Par l'amour, par notre âme immor-
DONA SOL, *sombre.* [telle...
Tu veux?
Elle boit.
Tiens maintenant.

DON RUY GOMEZ, *à part.*
Ah! c'était donc pour elle!

DONA SOL, *rendant à Hernani la fiole à demi vidée.*
Prends, te dis-je.

HERNANI, *à don Ruy.*
Vois-tu, misérable vieillard?

DONA SOL.
Ne te plains pas de moi, je t'ai gardé ta part.

HERNANI, *prenant la fiole.*
Dieu!

DONA SOL.
Tu ne m'aurais pas ainsi laissé la mienne,
Toi!... tu n'as pas le cœur d'une épouse chrétienne,
Tu ne sais pas aimer comme aime une Silva.
Mais j'ai bu la première et suis tranquille. — Va!
Bois si tu veux!

HERNANI.
Hélas! qu'as-tu fait, malheureuse?

DONA SOL.
C'est toi qui l'as voulu.

HERNANI.
C'est une mort affreuse!

DONA SOL.
Non. — Pourquoi donc?

HERNANI.
Ce philtre au sépulcre conduit.

DONA SOL.
Devions-nous pas dormir ensemble cette nuit?
Qu'importe dans quel lit!

HERNANI.
Mon père, tu te venges
Sur moi qui t'oubliais!
Il porte la fiole à sa bouche.

DONA SOL, *se jetant sur lui.*
Ciel! des douleurs étranges!...
Ah! jette loin de toi ce philtre!... ma raison
S'égare. — Arrête! hélas! mon don Juan! ce poison
Est vivant, ce poison dans le cœur fait éclore
Une hydre à mille dents qui ronge et qui dévore!
Oh! je ne savais pas qu'on souffrît à ce point!
Qu'est-ce donc que cela? c'est du feu! ne bois point!
Oh! tu souffrirais trop!

HERNANI, *à don Ruy.*
Ah! ton âme est cruelle!
Pouvais-tu pas choisir d'autre poison pour elle?
Il boit et jette la fiole.

DONA SOL.
Que fais-tu?

HERNANI.
Qu'as-tu fait?

DONA SOL.
Viens, ô mon jeune amant,
Dans mes bras.
Ils s'assoient l'un près de l'autre.
N'est-ce pas qu'on souffre horriblement?

HERNANI.
Non.

DONA SOL.
Voilà notre nuit de noces commencée!
Je suis bien pâle, dis, pour une fiancée?

HERNANI.
Ah!

DON RUY GOMEZ.
La fatalité s'accomplit.

HERNANI.
Désespoir!
O tourment! doña Sol souffrir, et moi le voir!

DONA SOL.
Calme-toi. Je suis mieux. —Vers des clartés nouvelles
Nous allons tout à l'heure ensemble ouvrir nos ailes.
Partons d'un vol égal vers un monde meilleur.
Un baiser seulement, un baiser!
Ils s'embrassent.

DON RUY GOMEZ.
O douleur!

HERNANI, *d'une voix affaiblie.*
Oh! béni soit le ciel qui m'a fait une vie
D'abîmes entourée et de spectres suivie,
Mais qui permet que, las d'un si rude chemin,
Je puisse m'endormir, ma bouche sur ta main!

DON RUY GOMEZ.
Qu'ils sont heureux!

HERNANI, *d'une voix de plus en plus faible.*
Viens... viens... doña Sol, tout est sombre...
Souffres-tu?

DONA SOL, *d'une voix également éteinte.*
Rien, plus rien.

HERNANI.
Vois-tu des feux dans l'ombre?

DONA SOL.

Pas encor.

HERNANI, *avec un soupir.*
Voici.

Il tombe.

DON RUY GOMEZ, *soulevant sa tête qui retombe.*
Mort!

DONA SOL, *échevelée et se dressant à demi sur son séant.*
Mort! non pas!... nous dormons.

Il dort! c'est mon époux, vois-tu, nous nous aimons,
Nous sommes couchés là. C'est notre nuit de noce.

D'une voix qui s'éteint.
Ne le réveillez pas, seigneur duc de Mendoce...
Il est las.

Elle retourne la figure d'Hernani.
Mon amour, tiens-toi vers moi tourné.
Plus près... plus près encor...

Elle retombe.

DON RUY GOMEZ.
Morte!... Oh! je suis damné!...

Il se tue.

FIN.

Paris, imprimé par Plon frères, 36, rue de Vaugirard.

www.ingramcontent.com/pod-product-compliance
Lightning Source LLC
Chambersburg PA
CBHW070717050426
42451CB00008B/693